CO BACH
A HEN FODAN A WIL

Co Bach
a Hen Fodan a Wil

Gruffudd Parry

Argraffiad cyntaf: Tachwedd 2002

℗ *teulu Gruffudd Parry/Gwasg Carreg Gwalch*

Diolch i Radio Cymru a Chwmni Sain Cyf. am gael benthyca traciau o'u harchif ar gyfer cynhyrchu'r CD.

Cedwir pob hawl.
Ni chaniateir atgynhyrchu unrhyw ran o'r cyhoeddiad hwn, na'i gadw mewn cyfundrefn adferadwy, na'i drosglwyddo mewn unrhyw ddull na thrwy unrhyw gyfrwng, electronig, electrostatig, tâp magnetig, mecanyddol, ffotogopïo, recordio, nac fel arall, heb ganiatâd ymlaen llaw gan y cyhoeddwyr, Gwasg Carreg Gwalch, 12 Iard yr Orsaf, Llanrwst, Dyffryn Conwy, Cymru LL26 0EH.

Rhif Llyfr Safonol Rhyngwladol:
0-86381-799-8

Lluniau'r clawr drwy garedigrwydd teulu'r diweddar Gruffudd Parry, Jac Jones, Joan W. Hughes, merch y diweddar Richard Hughes a Mair Lloyd Davies.

Cynllun clawr: Sian Parri

Argraffwyd a chyhoeddwyd gan Wasg Carreg Gwalch,
12 Iard yr Orsaf, Llanrwst, Dyffryn Conwy, LL26 0EH.
✆ 01492 642031
📠 01492 641502
✉ llyfrau@carreg-gwalch.co.uk
lle ar y we: www.carreg-gwalch.co.uk

Cynnwys

Cyflwyniad – John Roberts Williams 6
Geirfa 8
Yr Ymweliad â Butlins 9
Nerpwl 12
Tŷ Cownsul 16
Y 'Spring Cleaning' 19
Cerdd-gân arwrol yn ymwneud ag ymweliad y brenin â
   thref Caernarfon 22
Cân newydd ar gyflwr y di-waith yn y blynyddoedd presennol ... 26
Y Ffliw 29
Tair Arth 32
Sundar Ela 36
Stori'r Mochod Bach a'r Blaidd 39
Yr Ymwelwyr 42
Steddfod Ni 45
Noson Gŵyl Dewi 48
Gêm Ffwtbol yn 'R Oval 50
Santa Clôs 53
Nid cardod i ddyn, ond gwaith 57
Smocio 60
Y Ddrama 62
Bendigeidfran 65
Soljwr 68
Cofi'n Cofio 70
Dic Witington 73
Llythyr Mount Street 76
Ymddangosiad Anarferol yn Hen Walia 78
Steddfod Bangor, Saith deg un 81
Gwahoddiad i Steddfod Gnafron 84
Stefddod Sefnti nein 86
Stefddod Gnarfon 89
Y Desimaleiddio 91
Cofis heddiw 92
Sno Weit 96
Diolch i Richard Hughes 99
Cownti Pengroes 100

Cyflwyniad

> Dach chi'n cofio Co Bach a Hen Fodan
> A Wili'r 'ogyn bach – ni'n tri?
> Fydda'r Hen Go'n patro'n hanas ni ar weiarles
> O Bangor, o lle B.B.C. . . . .

Dyna ddechrau'r gerdd ola yn iaith cofis tre Caernarfon a sgrifennodd fy hen gyfaill colledig, Gruffudd Parry, ar gyfer dathliad ei hen ysgol y Cownti School ym Mhenygroes ar ei chanfed pen-blwydd ym Medi 1998. Ond sut y daeth y cerddi sgyrsiol poblogaidd yma ar y radio yn y Noson Lawen enwog am y tro cynta.

Mae peth o'r diolch i'r comedïwr o Sais, Stanley Holloway. Roedd ganddo ei ymsonau neu fonologau neu sgyrsiau doniol ar y radio a fawr fwynheid gan Percy Griffith, un o hen gymeriadau mawr Caernarfon a etifeddodd siop ddillad ei dad, G.O. Griffith – Percy Gee oedd ei enw yn yr hen dre. Ac fe benderfynodd Percy lunio ei sgyrsiau ei hun yn ei ffordd ei hun yn nhafodiaith unigryw Caernarfon. Byddai yn eu traddodi i ddiddanu ffrindiau yn eu cartrefi.

Ond yr oedd cofi arall, Richard Hughes, cofi go-iawn, a aned yn Hen Walia, Caernarfon wedi dysgu rhai o sgyrsiau Percy ac fe'i clywyd – gan Myfanwy Howell, mae'n debyg – yn Neuadd y Penrhyn, Bangor. Roedd hi'n ysgrifenyddes i Sam Jones, rhyfeddol bennaeth y B.B.C. ym Mangor, ac wedi iddo drefnu i wrando ar Richard Hughes fe benderfynodd mai dyma'r union beth ar gyfer y Noson Lawen, dim ond rhoi tipyn o sglein ar y defnydd. Gofynnwyd i Gruffudd Parry wneud hynny ac i Richard Hughes eu traddodi. Fe ddaethant mor boblogaidd ag y daeth ymsonau Ifans y Tryc yn ddiweddarach.

Y mae'r gyfrol yma o'r ymsonau yn un arbennig tros ben oherwydd nid yn unig y cerddi yr ydych yn eu sicrhau ond hefyd CD lle ceir recordiad o rai o'r cerddi i chi cael clywed tonyddiaith siarad cofis Cnafron a gweld ble'n union mae sodro'r gair 'ia' fel rhyw atalnod i mewn i'r sgwrs.

Ysywaeth mae cryn drai ar yr hen dafodiaith. Mae dyfodiad yr arian degol fel enghraifft wedi lladd yr hen enwau fel niwc a mag a hog oedd ar arian y dre, er bod y gair 'mags' yn aros am arian. Ond mae merch yn aros yn 'fodan' a'r gath yn 'giaman' a'r llysenwau'n dal i gael eu bathu ar bobol a phethau a chytseiniaid geiriau'n dal i gael eu trawsnewid.

Dau gofi'n mynd i ymdrochi. Un yn mentro i'r dŵr a'r llall yn holi – 'Ydio'n gynnas?' a'r ateb 'ydi fel llerfith' a dynnodd y sylw 'wel, pam rwyt ti'n cyrnu ta'r cranci?'

A dyna ni. Rhwng y geiriau i'r llygad a'r llais i'r glust mae yma fawr fwynhad. Mae'r cerddi sgyrsiol a gyhoeddwyd gan Wasg Gee yn 1949 i gyd yma ynghyd â phentwr ychwanegol i godi'ch calon.

John Robert Williams

Geirfa

aniddad, amddifad
apad, ateb
berchdan, brechdan
bŵd, bwyd
bystio, ffrwydro
cerad, cerdded
ciddiad, cuddio
clwad, clywed
clwdda, celwyddau
co, lluosog *cofis*, dynion, pobl
conjî, miri, helynt
conol, cornel
Coparêt, 'Co-operative'
crinc, crinci, crincar, y gwirion
denid, dianc
dest, bron ('just')
deuso, deuthum, daethost, daeth, ayyb
dyrchyn, dychryn
eidïa, syniad
fama, y fan yma
fatha, yr un fath â
fodan, gwraig, cariad, ond hefyd 'Yr Hen Fodan'
ffliwc, lwc
geuso, cefais, cefaist, cafodd, ayyb
giaman, cath
giami, gwael
giddil, gilydd
golêw, gweddol
gwlanan, llu. *gwlanods*, gwylan
gwnifan, cwningen
gwthiad, gwthio
gwymad, wyneb
hog, swllt
isio, eisiau
ista, istad, eistedd
'lâd, y wlad
lempan, clustan

lob, un gwirion
mag/mags, dimeu/arian
mawlan, malwen
miglo, mynd, cerdded
migmas, ystumiau
milings, cweir, cosfa
napar, pen
neuso, gwneuthum, gwnaethost, gwnaeth ayyb
niwc, ceiniog
ôr, oer
lleinin, llinyn
llerfith, llefrith
llgada, llygaid
llgodod, llygod
pannu, curo
patro, siarad, dweud
pefradd, perfedd
pôth, poeth
'pura, papurau
rhegad, rhedeg
reuso, rhoddais, rhoddaist, rhoes, ayyb
rwmsus, ystafelloedd
sbiad, edrych
sei, chwecheiniog
sgodod, pysgod
sgram, bwyd
sgramio, bwyta
slang, gwŷs
slobs, plismyn
slog, peltan, bonclust
smudud, symud
socio, curo
stagio, edrych; *stagéu*, edrych! edrychwch!
trâd, traed
wsnos, wythnos

Yr Ymweliad â Butlin's

Neuso' tywydd po'th yn 'r ha' 'ma ddeud arnaf fi –
On i'n chw'su wth sefyll 'n 'run lle,
Euso fi'n dena, nes odd dda odd na ddim gwynt,
Ne fasa hi ddim saff i fi fynd allan hyd dre';
Odd 'r Hen Fodan yn t'wchu bob dydd ia,
A tasa hi'n bystio, fasa'r byd ar ben,
A neuso ni i miglo hi i 'lâd am wsnos –
Euso ni i Camp Butlin, yn Afonwen.

Odd 'r Hen Fodan isio mynd ar bysus,
A Wil Bach isio mynd efo beic,
'Os na cha' i fynd yn trên,' me' fi,
'Dim ar 'n holides dwi'n mynd, ond ar streic!'
Neuso ni glymu Wil Bach, wedi 'i olchi o,
Yn sownd wth gôs gadar yn fan,
A neuso ni wisgo amdanan yn *grand* ia,
A reuso'r Hen Fodan i chot astracan.

Neuso ni ddyrchyn gweld lle mor fawr 'no –
A bildings 'di gneud efo sment,
'Chos oeddan ni 'di meddwl wth weld *camp* ia,
Fasa ni'n tri yn cal cysgu mewn *tent*.
Neuso fi gogio nag on i'm 'di dyrchyn
A stagio ar bob peth wth fynd rownd,
A wth lwc i'r Hen Fodan odd 'na 'im lôn dar 'no,
Ne fasa hi siŵr o fod 'di glynud a mynd sownd.

'*Hors* rwbath 'di'r peth cynta ar cardyn,'
'Me Wil, yn y lle byta wth i fam,
'Cig ceffyl ar f'enaid i,' me' hitha,

Fasa well gin i fod adra'n cal *spam*.
Euso ni draw i gal stag ar lle 'drochi –
Odd o ddim 'r un fath â lan môr yn 'lâd,
Ond neuso fi dorchi 'y nhrywsus i fyny,
A ista ar 'r ymyl i olchi nhrad.

Wedi stagio ar bob peth am y dwrnod,
Neuso ni ddercha cal sbort go iawn,
A odd 'na riw go wedi patro wth 'r Hen Fodan,
Bod 'na *ankle competition* yn pnawn.
Neuso hi feddwl ma rwbath fatha siou floda
Yn Pafilion ers stalwm odd gamp,
Ma dim ond cal rhai mawr odd isio, fasa hi'n ennill.
Os b'sa hi medru sefyll ddigon hir heb gal cramp.

Pan ddoth co efo tâp mesur ati hi
Neuso fo oglas i thrad hi am bod nhw'n fawr,
A rhwng trio denid a chwerthin,
Neuso hi syrthio ar 'i gefn o ar lawr.
Nath hi afal yn 'yn llaw i'n dýn ia,
I godi ar i thrad yn d'ôl,
'Ew,' me' Wil, 'pw 'sa'n meddwl bod posib,
I chal hi i fyny ar 'i dwy gôs ôl.'

'Ddoth 'na go rownd ataf finna wedyn,
Isio fi ddanos 'y nghousa 'r un fath,
'Gw on,' me'r Hen Fodan, 'mi 'nilli,
Ar f'enaid i, wt ti'n dena fatha gath,'
Ond siou *knobbly knees* odd honno,
Ag er bod fi'n hir o ran seis,
Odd y mhenaglinia fi'n fwy o lympia na neb arall,
Ag os o'n i'n cyrnu, wel, geuso fi preis.

Ond yn bora dwrnod dwad adra,
Euso hi yn dwrw arnan ni'n tri,
'Nath Wil Bach fynd ar goll i rwla,
A pawb yn gweld bai arnaf fi.
Neuso ni stagio rownd rwmsus amdano fo,
Ag o'n i ofn bod o 'di miglo i ffwr',
Ond geuso ni hyd iddo fo'n lle odd petha Hitlar,
Yn chwara troi rownd ar ben bwr'.

Odd cofis yn lle yn cega ia,
A dyma'r Hen Fodan yn gwilltio go iawn,
A 'ma hi'n deud, 'Yli co, ma'n iawn iddo fo gal chwara.
A eniwe, 'dan ni'n mynd adra pnawn.'
On i'n falch cal dŵad 'n ôl i dre rywsut,
O ganol y twrw a'r sŵn,
A 'dan ni ddim yn meddwl awn ni 'r ha' nesa',
Dim ond i Caeathro i weld rasus cŵn.

Nerpwl

Am bod cofis o 'lâd lond dre 'cw ia
Yn miglo dan draed a neud ffys,
Neuso Wil Bach a Hen Fodan a finna
Fynd i Nerpwl am dro, efo býs.
Geuso Hen Fodan gôt blastig ar Maes ia,
A hwd arni rhag iddi 'lychu i het,
A geuso Wil bâr o fresus yn Woolworth
A geuso finna gap am hog 'n Coparét.

Euso fi â berchdan a ŵy wedi fewri
I gal sgramio yn býs fatha diwc,
A geuso fi fargan ar bedair o Wdbeins
Ar *black market* am hog a dwy niwc.
Euso ni i istad yn sêt ddwytha un ia,
Er mwyn cal lle i droi'n ôl,
I stagio ar cofis yn cerad,
A gneud migmas, fatha pictiwrs Guild Hall.

Odd 'na go yn hel buwchods yn Fflint ia,
Fatha mawlan yn mynd ar hyd lôn,
A neuso Hen Fodan roi phen allan trw ffenast
A gweiddi, 'Hei cofi, cym ôn,
Rho filings i rheina i'r ochor
I ni gal lle i basio 'fo trip,'
A neuso bawb yn býs gal sbort ia,
Clwad tafod Hen Fodan mor fflip.

Neuso býs fynd i lawr fel pry' genwar
I riw dwll yn lôn Birkenhead,
A be odd o, ond tynnal siŵr iawn ia,

A deuthon ni allan ar dop Pier Head.
'Awn ni am fŵd rwan i ddercha,' me' Hen Fodan,
'Nan ni chwilio am dŷ byta reit neis.'
Odd hi isio hadog ne gipar
A Wil Bach a fi bwdin reis.

On i 'di clwad cofis yn dre 'cw'n patro
Wth i giddil am Adelphi Hotel,
Euso ni draw i gal stag arni i ddercha,
A wth bod Hen Fodan yn gymint o swel
Dyma hi'n sêlio i mewn fatha Cwîn ia,
A finna ar i hôl hi fatha Kin,
A Wil a'i drâd o'n troi allan,
A'i glistia fo 'i fyny'n syth bin.

'Su' ma'i dallt hi am sgramings yn fama?'
Me hi wrth cofi, nes odd 'mocha fi'n binc,
Ond neuso fo ddim cymyd arno i chlwad hi,
A 'ma hi'n gwilltio ia, 'Be haru ti crinc
Yn rhythu – fedri di 'im apad y gwymad
'N lle stagio arna'i felna mor rŵd,
A ninnau'r holl ffor o Gynafron
Er brecwast heb ddim tamad o fŵd.'

Euso ni allan a'n trwyna yn 'r awyr,
Cofn ddo fo feddwl fod ni'n tri heb ddim brêns,
Ag yn stret i siop *chips* i gal cinio,
Wedyn i miglo hi i weld eroplêns.
Odd stesion eroplêns reit yn 'lâd ia,
A euso ni i mewn i gal gweld nhw am sei;
Oeddan nhw'n landio hyd cae yn bob man ia,
Fatha gwlanods môr ar ben wal yn cei.

Odd 'na un hen beth fawr goch a melyn,
Yn sefyll a'i thrŵn hi at draw
A'i thu nôl hi reit yn ymyl
A'i chwnffon hi ar lawr yn baw.
Odd 'i hinjians hi'n troi fel fflamia
Nes odd blew cae 'n cal i chwthu hyd llawr,
A odd Hen Fodan a fi wedi dyrchyn
Bod nhw 'di medru neud eroplên mor fawr.

Ond pan oedd hi yn codi wib i fynd off ia,
Dyma Hen Fodan yn gweiddi, 'Hei, rhed
Ma Wil Bach ar i chefn hi, a nefi
'Na lle odd o wth i chwnffon hi, ar gamdda led.'
Neuso fi regad dipyn bach ar i hôl hi,
A gweiddi nag odd Wil ddim am bas,
Nes i riw go yn stopio fi a deud ia,
'What's gone wrong with this silly ass?'

Ddeutho Hen Fodan yno ato fo wedyn,
A patro'n i wymad o fel *black*,
'Eroplên *gone to sky over there*, mistar,
And our little boy on her back,'
'Mae o di mynd am byth,' me hi wtha fi
Nes o'n i'n clwad 'nghoesa fatha coesa bwr,
'Odd o'n glws,' me hi a'i dagra hi'n powlio,
'Fatha angal ar i chefn hi'n mynd ffwr.'

Ond neuso nhw ddim gneud Wil yn angal,
Cos odd eroplên ddim yn fflio yn iawn
Am bod hi'n methu ysgwyd i chwnffon
Wth bod Wil yn ista arno fo siŵr iawn.
A wedyn ddeuso hi i lawr o'r awyr ia,

A dwad a fo yn dôl aton ni,
Ond 'di fiw i fi ddeud be ddeudodd Hen Fodan,
Wel – dim yn fama ar B.B.C.

Tŷ Cownsul

Wth bod tywydd mor lyb yr ha' 'ma –
Nefi neuso hi fwrw bob dydd,
Uso tŷ ni i wllwn fel basgiad
A odd llechi ar i ben o'n rhydd;
A odd llgodod yn miglo hyd lle ia,
A un noson euso nhw i esgid Wil Bach
A cnoi trŵn i esgid o i ffwr ia,
'Dawn i'n mego, odd 'cw goblyn o strach.

'Yli Co,' me Hen Fodan, 'well 'ti miglo hi
I chwilio am dŷ Cownsul yn strêt,
Odd llgodod yn rhegad hyd gwely neithiwr,
Fel 'sa'n nhw'n Rhyl ar gefn ffigar êt.'
Geuso ni fforms gin Town Cownsul yn gofyn
Be odd matar bod ni'n cadw stŵr,
A neuso ni sgwennu hyd papur i ddeud ia,
Bod ni 'di blino 'n byw allan yn dŵr.

Ddeuso cofi efo moto i stagio
Rhag ofn bod ni'n deud clwdda me 'fo,
Ond mi 'chyrnodd pan welodd o lanast,
A llgodod, a tarpowlin ar to.
'Rhaid chi smudud o fama yn strêt ia,'
Me 'co, 'ddo i â goriad i chi pnawn,'
A odd Hen Fodan yn gwenu fel giat ia,
A'i gwymad hi fatha lleuad yn llawn.

Geuso ni *hand* bach gin cofis o gwmpas,
A neuso pob peth fynd ffwr a hi,
Dim ond fuo dest i ni fudo babi drws nesa

Wth bod o'n ista ar step ffrynt tŷ ni,
Wedyn uso ni draw i gal stag ar tŷ newydd,
A me' Hen Fodan, 'Wel am le bach clws'.
Ond yr argo, wedyn ath hi'n lanast –
Odd Hen Fodan rhy dew i fynd drw drws.

'Wel nefi, be wnawn ni rŵan ta?'
Me Wil a'i wymad o'n wyn,
'Dim ond i phen hi ne'i thrâd hi ddaw adra,
Hei co, fyddan ni 'di llwgu fel hyn.'
''Nan ni smudud pob peth yn d'ôl ta,'
Me Hen Fodan: 'Gwd bei nymbar sefn,'
Ond wth stagio ar i gwymad hi'n ffenast
Neuso fi feddwl, geusa ni hi i fewn trw cefn.

Neuso hi i miglo hi rownd i drio
A ddeuso hi mewn wsg i hochor reit ddel,
Dim ond gwthiad dipin bach ar i breichia hi,
A'i hel hi at i giddil, fatha cau ambarel.
Wedi iddi landio yn saff ar gadar,
Neuso hi batro wtha fi: 'Bedi'r stynt?
Yli Co, migla hi lawr i town cownsul
I gal cofis i ledu drws ffrynt.'

On i'n sticio yn 'r offis yn gweitiad ia,
A 'ma Wil i fewn, hannar o'i go –
Reuso fi lempan iddo fo i gal o ato'i hun ia,
A gofyn iddo fo: 'Be 's arnat ti co?'
'Dowch yn dôl fel fflamia 'ta rwan,'
Me' fo cin i fi gal *chance* i droi rownd,
'Ma mam 'di trio dwad allan trw ffrynt ia,
A wir yrr rŵan, o ddifri, ma hi'n sownd.'

17

Odd petha yn wath pan gyrhaeddon ni
Odd Hen Fodan 'di dwad allan fel *O Gee*,
A'r unig beth odd yn rong efo'r migmans
Odd bod hi 'di dwad â ffram drws efo hi.
Odd hi'n sefyll ar stepan yn gweitiad,
Fatha pictiwr 'di fframio rhy dynn,
A odd i gwefla hi'n cyrnu go iawn ia,
A 'ma hi'n deud: 'Awn ni'n dôl o fan hyn.'

Reuso ni filings i prenia i llacio hi
A ma hi'n deud ar ôl dwad yn rhydd
'Fasa well gin i gal giaman i ddal llgodod
A byw dan 'r ambarelo trw dydd.'
Oeddan ni yn dôl adra erbyn tua wth ia,
A geuso ni hadog i swpar yn tri,
A tasa town cownsul yn tala am denantiad
Fydd 'na ddim rhagor o'i tai nhw i ni.

Y 'Spring Cleaning'

Ddeuso Hen Fodan ddim efo fi heno,
Neuso hi ddercha *spring cleanio* go iawn,
Wedi patro am y peth am ddyrnodia
Neuso hi ddercha – ar ôl cinio yn pnawn –
Neuso fi ddeud nag odd tŷ ddim yn fudur,
A ma hi'n gafal yn 'yn napar i'n strêt
A rhwbio y nhrŵn i yn dresal
Nes odd o'n frown, fatha injia roc numbar-êt.

Fuo raid i Wil Bach a finna i miglo hi
I byrnu papur papuro i dre,
Un â rhesi a bloda' odd hi isio,
Ne un pinc fatha lliw llestri te.
Ma cofi yn siop yn patro ia,
'Gewch chi bisin am *thirteen and three*.'
'Nefi cadwa fo co,' me fi wtho fo,
'Dim pisia 'dan i isio'n tŷ ni.'

Neuso ni byrnu llond tun o ddistempar
A miglo am adra ffwl sbid,
Ond odd Hen Fodan 'di neud gegin bach ia,
Yn ddel, fo 'pura newydd i gid.
Yn gonol wth ben bwcad lo ia,
Odd llun Shinwell, 'fo bocha bach pinc,
A llun Churchill yn gefn drws ar parad
A llun Cin a Cwîn wth ben sinc.

Neuso Wil a fi fynd i sgota
Dros cei 'fo pry genwar a pin,
A neuso'r haul losgi nhrŵn i wth ista
Nes odd o'n lwmpyn fatha pel ddwbwl *skin*.

Ddeuso 'na riw fodan heibio o rwla
A stagio arnan ni'n dau'n trio dal:
'Pysgota 'dach chi ia?' me fodan,
'Naci,' me Wil, 'dim ond ista ar ben wal.'

Ma siŵr ma fodan o 'lâd odd hi,
Odd hi ddim yn siarad fatha pobol o dre,
A 'ma hi'n gofyn fasa ni'n gwerthu 'sgodod iddi hi,
A 'ma Wil yn deud: 'Gna i, O.K.'
Neuso hi bwyso ar ben wal wth ymyl
A stagio ar lleinin yn dŵr,
A 'ma Wil yn i godi o'n sydyn
'Di meddwl bod na sgodyn 'no siŵr.

Ond neuso gwynt i chwthu o at fodan,
A'i bachu hi 'n i het yn sownd
Nes ddoth hi i ffwr yn glir o am phen hi
A syrthio i dŵr dan droi rownd.
Odd hi'n cega ar Wil Bach a fi ia,
Nes neuso fi ddeud 'Nefi wen,
'Nan ni chodi hi'n i hôl efo bin siŵr,
A 'san ni'n methu, fasa byd ddim ar ben.'

Odd dŵr yn llonydd fel llerfith
Er bod fodan yn deud bod hi'n ôr,
Ond wth ystyn i gyrraedd i het hi,
Euso Wil ar i ben i môr!
Odd hi'n dal i gega am i het, ia,
A deud fasa hi'n cal row gin i gŵr,
'Ol nefi, peidia patro,' me fi wthi hi,
'Ma mab Hen Fodan acw yn dŵr.'

Ddeuso cofi 'fo cwch dan bont 'r Abar
I achub Wil Bach a'r het,
Ond odd o 'di colli un esgid yn mwd ia,
A 'di glychu i grys fflanalet.
Pan gyrheuddon ni adra yn d'ôl 'dyn
A deud wth Hen Fodan be odd 'di bod,
Neuso hi willitio go iawn ag ista
I ddeud drefn, lle odd gadar i fod.

Ond odd gadar yn drws ers oria
A mi 'steddodd Hen Fodan ar lawr
Nes stimiodd hi i sena fel matchus –
'D oedd ddim rhyfadd a hitha mor fawr.
A rŵan, 'n lle bod hi'n trwsio plastar
Ma'r plastar yn i thrwsio hi,
Ond ew, fydda i'n falch pen fendith hi,
I gega ar Wil Bach a fi.

Cerdd-gân arwrol yn ymwneud ag ymweliad y brenin â thref Caernarfon

Mi ddeudodd riw go wrth 'r Hen Fodan 'cw
Bod Cin a Cwîn 'n dwad i dre;
A 'ma fi'n deud na chlywso fi ddim byd am peth,
A bo fi yn mynd reit rownd blwmin lle,
Mi sociodd fi'n ganol y 'ngwymad ia,
Am ddeud wrthi hi bod hi'n rong,
A 'ma hi'n strêt at hen fodan drws nesa',
Wyddoch chi – 'r hen fodan 'na 'fo starn fatha llong.

Wel, eniwe, mi nath i fi hopian hi
A dragio Wil Bach efo fi –
I sticio ar yn stwmps yn ymyl 'Rafr Aur,
Ol elso fi rioud fath gonjî.
A sôn am bobol odd yn dre 'cw ia,
Dwi'n siŵr na dodd na im un co yn 'lâd,
A phawb yn stagio ar i giddil draws stryd,
A helpu'r lleill sathru trâd.

Odd 'na riw go efo het fatha sgonsan,
A'i harnis fo'n cau yn tu ôl,
Yn sefyll reit dan napar Wil Bach a fi,
A bysa'i gousa fo'n da i ddim yn gôl,
Cos mi figlodd Wil Bach yn strêt rhwng y ddwy,
A rhwng ryw ddau go oedd yn ffrynt –
Ag odd slobs yn cega ia, nes deudso fi
Ma'r Hen Fodan 'cw 'aru gychwyn y stynt.

O'n i'n cyrnu ta ia, wth feddwl siŵr iawn,
Besa'r hen gena bach mynd i stryd,

Ond guso fi afal yn asgwrn i fresus o ia,
A'i halio fo i pafin ar i hyd.
Wedyn odd on cwyno ta ia, i drad o'n bôth
A nuso fi godi fo i ista ar y mrauch –
On wrth bod on stagio a trio troi rownd,
Ew odd o'n drwm – odd o'n ddigon o fauch.

Odd na riw fodan 'di gwthiad i'n ochor i'n sownd,
Riw fodan o 'lâd – pin o swel –
Ag wrth bod yr 'aul yn peltio 'el slecs
'Ma hi'n deud: 'Dw i am agor 'mbarel.'
Wel odd weirs 'mbarel yn llgada Wil Bach –
A 'ma fi'n troi ag yn deud wrthi'n bla'n,
A 'ma hi'n apad i ia: ''Sddim ots gin i
Os 'dach chi'n siŵr bod i llgada fo'n lân.'

Neuso fi ddeud bod ots gin i ta ia –
Cos 'di weirs 'mbarel im yn iach –
A na ddyla hi im agor i hen 'mbrelo yntôl,
A'i stwffio fo i llgada'r boi bach;
Ond 'ma Wili yn patro wrth fodan ffwl sbid,
A deud odd im ots gynno fo,
A geutha hi roi nhw yn llgada fo am 'pin bach siŵr iawn
On pan ddeutha Cin, 'ddi roi legô.

Guso Wil Bach hog gin fodan am hyn
A oeddan ni'n stagio draw dan cloc mawr,
A fynta yn swnian ia, isio fi ofyn i slobs
Pa bryd fysa Cin dwad i lawr.
'Stagéu draw fancw, co bach,' me fi ia,
A danos 'ddo fo stagio i lawr stryd,
Cos odd bwch garf *Royal Welch* yn miglo yn ffrynt
A blew cae 'yd i geg o i gyd.

Ddeutho bandia wedyn yn canu ffwl sbid
A hen go yn canu drym mawr,
A maer a *big nobs* 'yd y dre 'cw i gid,
A 'betha fatha cyrsa gynyn nhw'n hongian hyd llawr.
Neuso maer ia, ffendio Wil Bach a fi –
Fyddo fo'n byw drws nesa i Nain –
A on i am chwerthin arno fo ia, ond 'ma Wil yn deud:
'Ylwch, maer efo het bwgan brain!'

Neuso fi willtio ia: 'Yli mab,' me fi,
'Os na ti'n cau geg mi gei *slog*.
Deuda 'Hwrê' 'n lle patro 'el crincar,' me fi,
'Ne mi ei adra a dy drwyn di'n un log.'
Ddeutho na ryw go fo gwallt gwyn mewn moto mawr
                                              crand,
A uso pawb i weiddi 'Hwrê',
Ond wn i ddim pw' odd o na be odd on neud,
Ond 'dw i'n gwbod 'd oedd o neb o dre.

'Ma'r Hen Fodan yn deud isio i fi dynnu 'nhap
Wrth bod co yn pasio mor glós,
A 'ma fi'n deud on im yn gwbod pw odd o
A eniwe, nid hi odd y bós.
On i 'di blino stagio ar ddim byd mor hir
A nuso fi feddwl mynd adra i nôl te,
Ond fedrwn im cal ffagan o mhocad na rhoi Wil Bach
                                              i lawr
Wrth bod na gymaint o bobol 'yd lle.

On mi ddoth moto brenin wedyn ia,
A ew, oeddan nhw'n bobol neis,
Fatha prodas yn capel Seilo ia,

Im ond odd neb 'n lluchio reis.
A nuso pawb weiddi 'Hwrê' ia,
On cin 'sach chi'n meddwl dim byd
Ddeutho lorri Dafydd 'Rabar o rwla
A sefyll reit ar draws stryd.

Wn im eto sut deuso hi mor slic ia,
Ond neuso bawb fynd i chwerthin dros lle,
A brenin yn idrach 'n annifir ia,
Cos odd o im yn gwybod amdanan ni'n dre.
A, ew odd gin i biti drosto fo ia,
Cos oddan i im yn chwerthin go iawn,
Im byd on gweld lorri Dafydd 'Rabar
Wedi dwad felly gefn pnawn.

Wel, ddeuso slobs yno wedyn ta ia,
A deud wrthyn nhw am smudud ffwl sbid,
A uso nhw draw am Guild Hall ia,
A pawb yn cael sbort am ddim byd.
Reuso nhw slang i co efo lorri ia,
Ond wir uso fi adra i nôl te,
Cos odd o ddim yn iawn iddyn nhw slangio fo ia –
Ar f'enaid i, odd *o'n* go bach o dre.

Cân newydd ar gyflwr y di-waith yn y blynyddoedd presennol

Geuso fi di-mob o'r armi ia,
Ag on i isio joban siŵr iawn,
A odd 'r Hen Fodan 'cw isio fi chwilio am le
I gal gweithio im ond yn y pnawn.
Neuso fi feddwl am gadw iarods ia,
Wrth bod na ddigon o le yn 'r ar gefn,
On' ma Wil Bach am neud bynglo yn fanno me fo
Os geith o brodi 'fo fodan 'mbar sefn.

Euso fi i lawr i lle dôl ryw fora ia,
A sticio 'n y ciw am tuag awr,
On i'n cyrnu 'el jeli wrth weitiad
A nhrad i fatha cerrig hyd llawr.
''N ba lein 'dach chi isio *job* ta?'
Me' co, a 'ma fi'n apad o'n strêt:
'Dim job gweithio ar lein 'dw i isio co,
A gofynna 'pin bach fwy sydêt.

Ma'r Hen Fodan 'cw isio fi gal *job* bach yn pnawnia,'
Me fi a mi chyrnodd y co,
A 'ma fo'n deud fasa well i fi chwilio am le
I fynd â plant bach aniddad am dro.
Neuso bawb yn ciw fynd i chwerthin:
'Yli co,' me fi, ti 'm yn dallt,
Bod 'r Hen Fodan 'cw i hun a Wil Bach ia,
Wedi gneud i fi golli ngwallt.'

'Ma fo'n deud wrtha i wedyn ta ia,
Ellwn i fynd i weithio i pictiwrs 'fo torch,

Ne os on i isio *job* am *un* pnawn ia,
Fyswn i'n cal golchi gwymad Lloyd George.
'Ma fi'n deud fysa hynny'n olreit ia,
Fyswn i'n cymyd y *jobs* 'esul un.
A 'ma fi adra, on' 'ma'r Hen Fodan yn deud 'tha i
Am fynd i olchi y ngwymad yn hun.

Odd Wil Bach isio i fi gael *job* yn Castall
Iddo fo gal mynd yno bob hyn-a-hyn,
A dringo i ben un o tyra 'ta
I 'drach fedra fo bwiri i fyny Stryd Llyn.
'Peidia patro co bach,' 'me fi wtho fo,
'A yli mi fetia i am sei,
Na 'sa ti 'im yn pwiri o ben Tŵr 'Reryr
Yn glir dros ben wal i cei.'

Odd y crincar yn swnian wedyn
Isio i fi fynd efog o i castell siŵr iawn,
Ag wrth 'ma ar dôl oeddwn i o hyd ia,
'Ma fi'n deud fysa ni'n miglo hi'n pnawn;
Neuso ni ddringo i ben Tŵr 'Reryr
A stagio ar bobol hyd llawr,
'Di buwch ond fatha giaman o top ia,
Wth bod y castall mor fawr.

Neuso Wil gal pwiri yn gynta –
A ew, odd hi'n chwthu'n ôr –
A deuso na bwff o wynt munud hwnnw
A'i chwthu o dros ben wal i môr;
Neuso fo neud i fi bwiri wedyn
A 'ma fi'n nelu dros 'Rabar neud siŵr,
A be' 'sach chi'n feddwl fuo wedyn ta?
Neuso fi bwiri y nannadd i dŵr!

'Be am y sei 'na i fi 'rŵan ta?'
Me' Wil, a neuso fi willtio go iawn,
Cos odd hynny im yn beth i ddeud wrth ddyn
A'i geg o im hannar llawn.
Neuso ni'n dau i miglo hi am adra
A odd hen fodan yn disgwyl ni'n drws,
A 'ma hi'n stagio ar y ngheg i a patro:
'Wel, ar f'enaid i, dyma beth clws.'

Uso fi'n llŵd ag yn wâl ag yn dena
Nes odd yn sena fi'n golwg i gid,
Cos er bod hen fodan yn trio
Wel, 'sa hi im yn gneud cwc infalid.
Ond geuso fi joban gin cofi siop ffrwytha
I hel pŷs a ffa, nes on i'n troi,
A fi odd yr unig un gonast yno,
Ag on i'n onast – am na fedrwn i im cnoi.

Y Ffliw

Geuso'r Hen Fodan 'cw ffliw wsnos dwutha,
A neusa hi aros yn i gwely me hi,
Ag wth bod fi ar dôl o hyd ia,
Odd 'cw neb yn howsgipar ond fi,
Odd Wil isio iddi figlo dros 'Rabar
I gal gwynt môr i fendio me' fo,
Ond ar f'enaid i odd 'r Hen Fodan rhy giami
I fynd allan i cefn i nôl glo.

Odd hi ar wastad i chefn yn i gwely
Yn cyrnu a deud bod hi'n ôr,
Nes geuso fi fenthig rwbath fatha tarpowlin
I roid drosti hi gin fodan 'mbar ffôr.
Neuso hi fynd yn both fel fflamia ar ôl hynny
A neuso Wil roid llond jwg o ddŵr glân
Yn barod ar lawr wth drad gwely
Rhag ofn iddi hi ddercha mynd ar dân.

Geuso ni wya gin co gwerthu llerfith,
A neuso ni agor un iddi hi i de,
Ond fasa raid iddi hi gal *gas mask* i fyta fo,
Er bod Wil yn deud bod i gâs o'n O.K.
Odd Wil isio iddi hi fyta y câs ia,
A cymyd digon o amser i gnoi,
Ond 'ma 'r Hen Fodan yn gofyn yn sydyn
'Wt ti'n meddwl ma bŵd i stim rolar 'ti'n roi?'

On i'n falch na cheuson ni mo'r iâr
'Cos odd yr wyua odd hi'n ddydwy yn ddrwg –
'Ma siŵr fysa hi hunan 'n ofnadwy

A fasa na ogla i weld, fatha mwg.
Neuso ni drio pob peth i'r Hen Fodan,
Sosej a *spam* a corn biff,
A mi geuso Wil, am hog yn siop cemist,
Lond potal o *Influenza Relief*.'

Neuso hi altro ar ôl cal y ffisig,
A dercha cega ar Wil Bach a fi,
Ag odd Wil yn patro'n i gwymad hi
A'i drad o fatha chwartar i dri.
Neuso nhw setlo wedi patro am dipin,
Dasa hi gal gwnifan fasa hi'n mendio ffwl sbid,
A 'na basio i fi fynd i chwilio am un,
A fysa ni i gid yn gal goblyn o ffid.

Reuso fi nghap ar y nghorun a'i miglo hi,
A nghlistia i fyny'n syth bin,
Nes odd cofis yn stagio ar i giddil
Wrth y ngweld i'n mynd fyny Stryd Llyn.
Neuso fi chwilio'n bob man am wnifan,
Ond welso fi ddim un hyd lle,
Dim ond amball giw buwch yn gofradd,
A neuso fi i miglo hi'n d'ôl i nôl te.

Pan o'n ni'n mynd dan Cloc Mawr am adra,
Fel 'sa rwbath 'n bod, na fi ffliwc –
'Ma fi'n gweld co efo gwnifan bach handi,
A neuso fi i phyrnu hi am hog a tair niwc.
Neuso Wil a fi ddechra i phluo hi,
Ond odd hi'n anodd wth bod nhw mor fân,
A geuso Wil well eidia o lawer –
Geuso ni rasal a'i shefio hi'n lân.

Neuso ni dorri i phen hi a'i chwnffon hi a'i thrâd hi,
A llnau i thu fewn hi i gid,
A gneud tân mawr yn grât ia,
A'i rhoi hi i ofradd yn sosban ar i hyd.
'Sach chi'n synnu fel fendiodd 'r Hen Fodan –
Erbyn bora odd hi ddim yr un un,
Ond mi chyrnodd pan gododd hi i llofft ia,
A sbiad yn glas ar i llun.

'Ar f'enaid i d'wi'n dena fel lantar,'
Me hi wth Wil, a mi chwerthodd y co,
A deud 'sa hi'n mynd drw'r drws yn i blân rwan,
Heb droi 'n wsg i hochor bob tro.
Ond os ydi'r Hen Fodan yn dew ia,
Ma well gin i hi na neb yn byd,
A ew dwi'n falch bod hi 'di mendio,
A ma hi'n gofyn amdanach chi i gyd.

Tair Arth

Odd na 'r ogan bach isio hog gin 'i mam i fynd i pictiwrs.

'Pw ti'n feddwl 'di dad di, Woolworth?' me'r Hen Fodan. 'Gei ddwy niwc i gal eis crîm os leci di.'

'Ond fydda i ddim chwinc yn byta eis crîm, a fydd gin i ddim byd i neud wedyn,' me'r ogan bach.

'Migla hi i nôl eis crîm, a dos i côd dros 'r Abar i hel pricia i fi cin iddyn nhw fynd ar boints – ma siŵr ma nhw fydd nesa!' me'r hen gwîn.

Neuso 'r ogan bach i miglo hi lawr cei a dros 'r Abar i côd. 'Rogan bach glws odd hi hefyd – odd hen fodis o 'lâd i gid yn stagio ar i hôl hi yn stryd am bod gyni hi wallt melyn cyls.

Odd hi'n gweld pricia i gid ar dop côd, a odd hi'n methu gwbod sut fasa hi'n cal nhw, a 'ma hi'n gweld cofi yn slogio goedan fawr, a euso hi ato fo a patro wtho fo.

'Fyddwch chi'n hir yn slogio honna i lawr i fi gal pricia?' me'r ogan bach.

'Nefi, bydda,' me' co, 'torri penna gwsberins mewn ffatri jam on i nes i fi gal *direction of labour* i ddwad i fama pan orffennodd gwsberins. Neuso nhw ddeud na *woodcutter* odd y peth 'gosa i'n *job* i fedran nhw gal.'

'Sna ddim hôps yn fama beth bynnag,' me 'r ogan bach wthi hun a miglo i ffwr yn bellach i côd. Neuso hi ddal i fynd nes odd hi yn befradd côd, ond odd hi'n gweld i bod hi'n saff achos odd fflagia hanner ffor i fyny polion ar ben twˆr 'r Eryr yn golwg o hyd. Odd na riw gofi efo lot o bres wedi cicio bwcad yn dre 'cw dwrnod cynt!

Wedi bod yn miglo rownd côd am yn hir iawn neuso hi weld tŷ a dyma hi'n mynd i ymyl i gal stag arno fo. Odd drws yn 'gorad dipin bach, a 'ma hi'n rhoid 'i phen rownd gonol i gal gweld i mewn siŵr. Odd 'na neb yn golwg, a 'ma 'r ogan bach yn mynd i mewn i tŷ. Tŷ odd tair arth wedi neud iddyn nhw'i hunan odd o, ond odd *town council* ddim wedi ffendio, ne fasa nhw ddim wedi basio fo – odd na ddim tamp yno fo, na gwynt o dan drws . . .

Odd 'na dair lond bowlan o uwd ar bwr – bowlan fawr a bowlan golew a bowlan bach! Odd ogla gwman wth iddi fynd dros 'r Abar wedi codi stumog 'r ogan bach, nes odd hi isio bŵd, a 'ma hi'n strêt at bowlan fawr, a dechra sgramio 'r uwd.

'Ew, ma hwn yn bôth,' me' hi, a symud i bowlan golew. Odd hwnnw rhy ôr gynni hi – odd hi wedi mynd yn byticlar efo'i bŵd ar ôl dechra cal cinio yn 'r ysgol – a ma hi'n symud at bowlan bach.

'Ruwadd annwl ma hwn yn dda,' me 'r ogan bach, a sgramio'r uwd bob tamad nes odd hi fel bwi.

Odd 'na dair gadar, a 'ma hi'n mynd rownd i drio rheini. Odd gadar fawr rhy uchal, a gadar golew yn rhy galad ond odd gadar bach yn O.K.

'Lyfli,' me hi a dechra neindio i fyny a lawr, a wth bod hi newydd fyta mi dorrodd gadar bach yn racs, nes odd hi drw'r sêt fatha bachyn cig.

'Nefi mi fydd 'ma filings am hyn,' me' hi. Ond cin cychwyn am dre odd hi isio gwbod be odd yn siambar tair arth, a 'ma hi'n agor drws i gal sbec, a oedd na dri gwely – gwely hen go arth, a gwely hen fodan arth, a gwely arth bach.

Neuso hi fynd i ofradd ar gwely mawr, ond odd hwnnw rhy galad, a odd gwely golew rhy feddal, a odd gwely bach mor braf nes neuso hi gysgu'n sownd.

A dyma tair arth yn dwad yn dôl i tŷ.

'Hei,' me' hen go arth, 'ma rwbath wedi bod yn ista yn y ngadar i.'

'Ma rwbath wedi bod yn ista yn y ngadar inna hefyd,' me' hen fodan arth.

'Wel, ma rwbath wedi ista trw ngadar i ta,' me' arth bach.

Ma nhw'n mynd am sgran wedyn.

'Ma rwbath wedi bod yn yn uwd i,' me' hen go arth.

'Ma rwbath wedi bod yn uwd inna hefyd,' me' hen fodan arth.

'Wel, ma rwbath wedi byta'n uwd i,' me' arth bach.

Neuso nhw ddyrchyn go iawn gweld gadar wedi torri, a meddwl bod na riw go mawr yn tŷ yn rwla, a ma nhw'n dercha cyrnu i gid, a mynd i agos drws siambar yn ddistaw bach.

'Ma rwbath wedi bod yn y ngwely fi,' me' hen go arth, trw' i fwstas.

'Ma rwbath wedi bod yn y ngwely finna hefyd,' me' hen fodan arth.

'Wel agw ar f'enaid i, ma rwbath yn y ngwely fi ta,' me' arth bach dros lle.

Neuso 'r ogan bach dderffo a agor i llgada'n fawr.

'Nefi, arthods,' me' hi, a deif trw' ffenast a dercha miglo am adra nerth i hegla.

Odd arthods wedi dyrchyn nes oddan nhw'n sefyll yn stond fel tasa nhw wedi startsio. Ond 'ma arth bach yn dadmar.

'Watsia i fi gal rhoi *chase* iddi,' me' arth bach, ond 'ma hen fodan arth yn neidio i golar o.

'Tyd i nôl bŵd co, a gada iddi hi,' me' hi. 'Ma hi 'di mynd yn rhy bell.'

'Ond ma hi 'di byta mŵd i,' me' arth bach.

'Hitia befog co bach,' me' hen go arth, 'gei di beth gin i,' a euso nhw i gid yn dôl i gegin i fyta.

Neuso'r ogan bach regad adra bob cam a gyntad bod hi'n tŷ, ma hi'n deud wth 'r Hen Fodan: 'Hei, ylwch ar f'enaid i, os na ddim rhagor o hel priciau i fi – *five day week* ne beidio!'

Sundar Ela

Odd 'na ddans yn dre 'cw noson o'r blân ia, ag odd cofis yn miglo yno yn un rhesi. 'R Hen Fodan 'cw odd 'di clwad y stori gin fodan drws nesa'. Ma fodan drws nesa' yn golchi steps drws ffrynt un o tai mwya' yn dre 'cw bob bora, a wth bod hi'n golchi steps efo un llygad, a stagio rownd efo llygad arall ia, ma hi 'fath a Almanac Cargybi yn gwbod be sy am ddigwydd. Byddigions odd yn byw yn tŷ ers talwm, ond ma nhw wedi heglu hi, a pobol gweithio dan llywodraeth sy'n byw yno 'rŵan. Ma 'na dair hogan yno, a odd tair wedi cal ticedi i fynd i ddans am sgrîn. Fasa neb yn gofyn iddyn nhw fynd, achos ma gin yr hyna llgada crôs, a ma' gwymad y llall fath â talcan jêl, a ma gwymad y leia fath o torth a rywun wedi ista arni cin iddi oeri.

Neuso nhw orfod cymyd ifaciwis amsar rhyfal – un hogan bach, dim hen fodan fawr â dau o blant fath â ni. Ela 'di henw hi, a ma' nhw 'di chadw hi yno i slafio. A noson o blân ia, odd y fodis yn mynd i ddans, a odd Ela wedi bod yn helpu i roi gêr amdanyn nhw ar ôl te. Odd hi isio mynd i ddans i hunan, ond odd neb 'di gofyn iddi hi, a odd gynni hi ddim mags i byrnu ticad, a odd hi'n meddwl siŵr fasa hi'n cal mynd efo nhw'n diwadd, ond bod nhw'n peidio deud i gal sbort ia. Ond peth cynta welsodd hi odd gweld tacsi yn giat, a'r tair yn miglo i lawr *steps* drws ffrynt fel tair llong hwylia.

Neuso hi dorri i chalon yn glec pan glywso hi tacsi yn codi wib lawr stryd, a 'ma hi yn dôl i gegin, a ista a'i thrâd yn twll lludw a crio dros bob man. Neuso hi feddwl i bod hi'n clwad twrw wth drws, a 'na drws yn agor a riw go yn rhoi ben rownd gonol a stagio arni hi. Cofi crand odd o hefyd, a daint aur, a colar biga', a gwasgod-bol-'deryn gynno fo.

'Be ti'n crio, hen fodan?' me' co.

'Isio mynd i ddans on i,' me' Ella, 'ond ma nhw i gid wedi miglo hi, a 'ngadal i'n fan hyn yn hunan bach.'

'Snichwrs,' me' co, 'ond hitia befog, â i a chdi. Migla i llofft i newid.'

Ond 'ma hi'n dechra crio fwy byth, nes odd hi 'fath â moto-beic â dŵr yn 'i betrol o.

'Os gynno fi ddim byd i newid,' me' hi, 'ma nhw wedi gyrru'n ffrog ora fi i londri.'

'Peidia crio ta,' me' co, a 'ma fo'n rhegad allan, a dwad yn dôl â bocs pasbord mawr o dan i gesal.

'Stagia ar rhein ta,' me' fo, a danos petha' iddi hi.

Odd na ffrog sidan wen yno, a pâr o sgidiau bach aur, a pâr o neilons. Odd hi'n gwenu 'fatha giat wth i penna' nhw.

'D'yn nhw ddim yn iwtiliti chwaith,' me' hi, a gafal yn y ffrog.

'Dim ffiars o berig,' me' co, 'ond migla i llofft i newid rwan ta,' a 'ma fo'n ista wth tân i gweitiad hi yn d'ôl.

Ddeuso hi i lawr pen sbel fel cwîn, a'i cheg hi'n goch a bob peth, ond neuso hi ddyrchyn wedyn wth feddwl fasa hi yn meuddu i sgidia wth gerad trw' 'mâs i fyny Stryd Llyn, a odd hi dest a crio wedyn.

'Peidia patro,' me' co, pan ddeudodd hi. 'S'im isio cerad siŵr,' a 'ma fo'n agor drws ffrynt.

'Yli be sy' fama,' me' fo, a danos *car* mawr iddi hi wth giât, a cofi efo clos-pen-glin a legis yn ista yn sêt tu blaen yn gweitiad.

Pan oeddan nhw yn mynd i mewn trw' drws i ddans, neuso co odd yn canu sacsoffon reigian nes euso pig y sacsoffon i wddw fo a'i dagu fo, a neuso *band* i gid stopio i gyro'i gefn o rhag ofn iddo fo lyncu'r cwbwl. A wth bod *band* wedi stopio, neuso pawb droi rownd i stagio ar Ella a cofi crand yn sefyll yn drws. Odd tair hen fodan o tŷ Ella yn ista wth parad fath â cwlwm-cwlwm a neb yn sbio arnyn nhw, a fuo dest i llgada'r tair fynd yn grôs wth iddyn nhw stagio ar Ella yn dwad i mewn efo co. Riw go odd wedi pasio'n ddoctor odd o, a wedi agor practis yn dre 'cw, ond odd o'n methu byw, a neuso fo fynd i gadw siop *chips*. A cin pen flwyddyn odd holl fodis dre isio prodi efo fo. Ond ma' 'r Hen Fodan 'cw'n deud y bytith hi i het os na fydd o'n prodi efo Ella rwan.

Ma' Wil Bach yn gobeithio y priodan nhw, achos ma' un het sy gin i fam o, a tasa hi yn byta honno, fasa hi yn cal 'r anwd wth fynd i dre heb ddim byd am i phen, a basa ni'n cal yr un migmas efo hi a geuso ni geua dwutha.

Ond 'sa chi'n gofyn i fi ia, clwdda di'r cwbwl – 'di dyrsu efo stori Sundarela ma' nhw.

Stori'r Mochod Bach a'r Blaidd

Odd 'na fochod bach aniddad yn byw efo'r hen fodan 'i mam mewn tŷ bach del yn côd ia. Odd yr hen go i tad nhw wedi cal papur o lle dôl riw ddwrnod yn deud wtho fo bod 'na joban bach iddo fo yn ffatri sosinjers yn dre 'cw, a neuso fo i miglo hi i lawr ffwl sbid, ond ddeuso fo ddim yn ôl, ag odd cofis o 'lâd ia, yn deud bod sosinjers yr wsnos honno fel lastig. Odd *town council* wedi pasio ers blynyddoedd i bod nhw yn *overcrowded* yn tŷ lle'r oeddan nhw, ag ar ôl i'r hen go fynd i ffwr – wth gwrs, odd o yhn cymyd mwy na hannar y lle – neuson nhw smudud y lleill i dŷ bach del, pri-ffab yn côd, a rhoid *pension* gwraig weddw i'r hen fodan.

Wel, riw fora odd 'r hen fodan isio miglo i lawr i dre i nôl i *rations*, ag oedd pawb yn patro draws giddil yn i gwymad hi, a 'ma hi'n deud:

'Hei, ylwch ar f'enaid i, os na 'dach chi'n bod ddistaw ia, mi panna i chi i gid. Rŵan ta, byddwch yn blant da a peidiwch â chwara'n *rough* ne mi ddaw tŷ i lawr, a gofalwch na newch chi ddim agor drws i neb.'

'O.K.' me' mochod bach i gid, a ffwr â'r hen fodan i nôl i *rations*, a enfilop dan i brauch.

Neuso mochod benderfynu chwara Senadd er mwyn i bawb gal gweiddi ffwl sbid draws i giddil. Ond ar ganol y twrw, dyna gnoc ar drws ffrynt. 'Ma pawb yn dyrchyn.

'Be sy na?' me' mochod bach.

'Fi sy 'ma,' me' riw lais main fatha giaman 'di glychu thrâd a cal annwd.

'Pw 'dach chi ta?' me' mochod wedyn.

'Hen wraig 'dw i,' me' cofi tu allan.

Neuso nhw ffendio strêt ma riw go yn gneud migmas

odd 'no, a neuso un ohonyn nhw feddwl ella ma' *Inspector* o *Ministry of Food* odd 'no, ond odd o ddim yn siŵr, a dyma un mochyn bach yn deud wth llall:

'Hei, co, migla rownd i ffenast a stagia i edrach be sy 'na.'

'Ma fo'n mynd rownd, a mo fo'n deud:

'Ar f'enaid i, hen flaidd mawr sy 'na.'

Neuso pawb ddyrchyn go iawn, nes oeddan nhw'n cyrnu fel jeli 'n mis Awst, a 'ma pawb yn stagio rownd gonol ffenast ia, a gweld hen flaidd mawr *brown* yn mynd rownd a'i dafod allan. Euso fo rownd a trio drws cefn wedyn, ond odd clo ar hwnnw hefyd. wedyn 'ma fo'n gweiddi:

''Gorwch drws 'na,' me' blaidd.

'Na nan,' me' mochod bach.

'Mi chwtha i'ch tŷ chi i lawr 'ta,' me' blaidd.

'Sgin ti 'im *hopes* mul yn *Grand National* co,' me' un mochyn bach powld yn ôl wtho fo, a dyma blaidd yn bagio, a cymyd llond i fol o wynt a dercha chwthu. Neuso fo i chwthu o allan nes odd i sena fo'n sownd yn i giddil a'i gwnffon o'n cyrlio, ond odd mochod bach yn berffaith saff yn i pri-ffab.

'Watsia di co i fi ddwad i mewn, a mi socia i di yn ganol dy wymad,' me' blaidd wth mochyn bach powld.

'Basa ti i mewn te? Wel wt ti ddim i mewn nag wyt, a wedyn felly ma' hi te,' me' mochyn bach powld yn ôl.

Odd mochod bach erill i gid ofn ia, a dyma nhw'n clwad blaidd yn trio dringo i ben tŷ.

'Nefi, mi ddaw i mewn trw' corn,' me' un, ond geuso mochyn bach powld brênwêf nes odd o'n troi. Pan neuso fo stopio troi, 'ma fo'n deud:

''R on ni'r crochon ar tân.' A dyma nhw'n cario i lond o

o ddŵr a wedyn 'ma pawb yn sefyll rownd o yn stagio. Oddan nhw'n clwad blaidd yn trio dringo i ben tŷ, ond odd crochon yn mygu'n braf cin iddo fo cyrradd.

'Dio'n bôth 'dwch?' me' un mochyn bach.

'Ol stagia crincar, mae o'n bewri,' me' llall, a fel odd o'n deud, 'ma dwrw mawr yn corn, a 'na gy-goblyn o sblash, nes odd dŵr yn bob man, a'r hen flaidd yn saff yn crochon.

'He 'na chdi,' me' mochyn bach powld, a rhoid pwniad iddo fo efo procar, ond y munud hwnnw, 'ma nhw'n clwad sŵn goriad 'r hen fodan yn *latch*.

'Wel, ar f'enaid i, dyma lanast. Mi slogia i chi'n biws am hyn,' medda hi pan welodd hi lanast.

'Howld on am funud,' me' mochyn bach powld, 'dowch yma i weld be sy'n fama,' a danos y crochon iddi hi.

Odd hi'n falch pan welodd hi blaidd yn bewri yn sosban, 'cos odd hi ddim wedi cal dim gwerth o *rations*, a lle slogio mochod bach, euso hi rownd nhw i gid a rhoid sws iddyn nhw.

'Rhaid i ni i giddiad o yn rwla,' me' hi, 'ne mi ddon yma i nôl hwn eto i neud sbam,' a be neuso nhw, neuso nhw giddiad o dan gwely, a mi geuson ddigon o fŵd am yn hir iawn iawn.

Yr Ymwelwyr

Deuso na gnoc ar drws ffrynt wsnos dwutha,
A hynny neuso ddercha'r gybôl;
'Inspector 'dw i o *Ministry of Labour*,'
Me' co, 'O, ia,' me' Hen Fodan, 'dyn dôl?
Ol dowch i tŷ ta a sychwch ych trâd, 'lwch
Dw i 'di polisio lle ma reit rownd,'
A neuso hi roid gwth i cofi i palwr,
A cau drws, a rhoid clo arno fo'n sownd.

Odd hi 'di gwilltio am bo llywodrath 'n bysnesu
A am bod fi heb gal joban ar lôn,
A ddeuso hi i fewn fel llong hwylia i gegin,
A'i bocha hi fel 'sa hi'n chwara trombôn;
Ond tra on i'n patro iddi wllwn y cofi
Rhag ofn i ni gal milings gin slobs,
Dyma rwbath arall yn cnocio yn drws, ia,
Nes ath Hen Fodan yn goch yn 'i *chops*.

'Inspector of Ministry of Health 'dw i,'
Me' co, a 'ma fo i palwr fel top,
A odd 'na i ofn bod Hen Fodan yn dyrsu
Ne' bod hi'n dercha troi yn bry' cop!
Odd y cofis yn patro a neud rowia,
A 'ma hi'n gweiddi dros lle: 'Bedi gêm?
'Dach chi ddim yn gwbod bod chi'ch dau mewn tŷ diarth?
Byhafiwch ych hunan – ffor shêm!'

Neuso hi batro reit glên 'fo dyn llerfith,
Ond ddeuso 'na gofi efo satchal bach du.
'Sgynnoch chi weiarles, Musus, yn gweithio ma?'

'Ma gin i ddau o lowdsbicars yn tŷ,'
Me' hi wtho fo, a mi ath hwnnw i palwr,
A mi on i'n cyrnu ers meityn siŵr iawn,
'Gawn ni Ryddid i Gymru am hiddiw,' me' hi,
'Mi cadwa i nhw yma trw' pnawn.'

A fel 'sa rwbath yn mynnu bod, ia,
Ddeuso cofi *pension* dwrnod hwnnw, a co
O town cownsul yn deud bod tŷ 'di gondemnio
Mewn het galad, a sbats a tei-bo.
Ond, nefi! pan euso hi yn d'ôl i gegin
Odd na riw gofi yn cwpwr bŵd,
A neuso fo ddim byd ond stagio a deud 'thi:
'*Inspector* o *Ministry of Food*.'

'Ol 'y nghwpwr bŵd i 'di hwnna, crinci,'
Me' hitha, a'i gwymad hi fel balŵn,
A reuso hi benalti iddo fo reit yn i starn, ia,
Nes neuso fo syrthio i tun triog ar i drŵn.
Neuso hi wthio fo i palwr fel llyffant,
A cloi drws ar y cwbwl yn glep,
A wir yrr on i ofn am 'y mywyd
A euso fi i fyny grisia' i ista ar step.

Neuso pob peth fynd reit ddistaw wedyn,
Ond cofis yn patro ffwl sbid,
A Hen Fodan yn dobio ar parad
A deud bod gwiddil iddyn' nhw i gyd.
Ond, nefi! dyna gnoc bach wedyn,
A cin fasach yn cyrfi tri,
Odd Hen Fodan yn drws fel plisman
A co'n deud: '*Pest Officer* 'dw i.'

'Slygods mawr, tyrchods deuar, gwnifods
Ne' rwbath sy'n ych poeni chi'n bla,'
Me' co, a me' Hen Fodan: 'Wel, nefi!
Ma nhw'n palwr 'ma fatha pyrfaid yn 'r ha.'
A agor drws i cofis ddwad allan
A pawb yn stagio yn stowt,
''Ma chdi ta co, rho filings i rhein ta
Ond cliria nhw i stryd o cowt.'

Neuso Hen Fodan roid i llewis i lawr 'dyn,
A ddeuso fi i lawr o llofft 'n ara deg;
A os landiwn ni'n tri yn clinc, te –
Wel, odd hi ddim ar fai, nagoedd, wir, chwara teg?

Steddfod Ni

Geuso ni stefddod yn dre' wsnos dwutha,
I godi'r hen 'lâd yn i hôl –
Oeddan ni ddim wedi meddwl bod hi 'di mynd mor isal
Nes neuso ni weld cofis yn ciwio'n lle dôl.
Geuso ni dicedi hannar-bwl i fynd i llofft, ia,
A ticed naw niwc i Wil Bach.
Ond odd Hen Fodan isio i Wili byfformio,
A, nefi! – euso hi'n goblyn o strach.

Odd 'na ganu a adrodd dan ddeuddag,
A odd Wil newydd gal un-or-ddeg,
A neuso Hen Fodan i drio fo ar ben gadar,
Ond neusa'r crinci ddim agor 'i geg.
'Rwan tria "Draw draw yn China",'
Me' hi wtho fo'n neis ohoni hi,
Ond odd Wil isio cal trio cantata,
Ne' 'Laundry Wili Chinee'.

'Cadwa di'n glir o wth gantatas yn dre 'ma,'
Me' Hen Fodan, 'a gweudda ffwl sbid,
Rwan aga dy geg fatha houwal
A cyma wynt lond dy fol i gid.'
Ond odd gin Wil fwy o wynt nag o lais, ia,
A odd o'n chwthu fel trên dros bob man,
A neuso fo lyncu i bwiri yn grôs 'dyn
A tagu cin cyrraedd Japan.

Ddeuso fodan drws nesa i ni i drws, ia,
A gofyn odd Wil 'di cal pâs,
Ond odd co wedi ail-ddercha canu

Ag yn gweiddi nes odd wymad o'n las.
'Gynno fo dempar o beth bach mor ifanc,'
Me' fodan, a stagio reit glên.
'Peidia agor dy geg mor gynddeiriog,
Co bach,' me' hi, a'i dwtsiad o'n 'i ên.

Neuso hi styrbio fo a oglas i wddw fo
Nes neuso fo syrthio fatha lledan ar mat.
A guso ni ofn fasa fo'n dafrod fel canwr
A'i drŵn o ar i wymad o'n fflat.
'Hitia befog, co bach – gei di adrodd,'
Me' Hen Fodan, 'adroddiad bach neis',
A neuso Wil ddeud wir yrr neusa fo drio
'S geutha fo dair niwc i byrnu bwl's eis.

Deuso noson y Stefddod o diwadd,
A Hen Fodan yn i lle fatha torth;
Rwbath o'r Amlanac odd Wil am adrodd
Am llewods wth ymyl bont Borth.
Neuso fo batro dros lle wth cofis,
A bawb yn cal sbortia ôl owt
Ond neuso cofi deud pw odd gora
Ddwad i ben stêj a stagio yn stowt.

'Y bychan adroddodd yn drydydd,'
Me' fo'n diwadd a nodio at Wil,
'Ma' gwiddil bod fo'n adrodd fath sothach,'
A euso fi deimlo'n bôth ag yn swil.
'Bysa' i rieni fo'n dysgu siarad . . .'
Ond odd hen fodan yn gweiddi dros lle:
'Hei mab, paid â patro trw 'd het, yli,
Fedra i siarad 'well na neb yn dre'.'

Neuso cofis i gid roid *cheers*
Wth bod nhw'n nabod hen fodan hyd lle,
A 'dan ni am figlo 'fo Wil i Dolgella
Iddo fo gal Stefddod go iawn, a ffêr plê.

Noson Gŵyl Dewi

Geuso ni nionods i swpar neithiwr
Am bod titshiar 'di patro wth plant
Yn clas Wil Bach yn 'i ysgol
Am fyta cenins ar Gŵl Dewi Sant.
Odd Wil yn deud ma' daffodils oeddan nhw,
A odd o isio cal un 'di falu yn fân,
'Ge di nionods 'di bewri, ne ddim co,'
Me' Hen Fodan, a rhoid sosban ar tân.

Ond ar ôl i ni miglo hi i'n gwlâu, ia,
Neuso fi ddercha byrddwydio ffwl sbid,
Ond gobeithio bod breuddwd yn grôs, te,
Ne, fydd hi 'di canu ar dre' 'cw i gid.
Cos fi odd y Maer, a Hen Fodan
Odd Feuras yn bryuddwyd trw' nos,
A odd Wil Bach 'di tyfu a cal joban
I lyfu lebals i roid ar poteli sôs.

Odd town cownsul yn cwafrod yn palwr,
A odd o 'r un fath yn union â un iawn,
A pawb yn gweiddi ar i giddil,
A Hen Fodan yn gadeirydd trw' pnawn.
Oeddwn i ddim wedi llnau yn mwclis
I roid am y ngwddw i ddercha mewn pryd
A wth bod trâd Hen Fodan yn chwyddo
Geuso hi ofradd ar soffa ar 'i hyd.

'O.K. ta, 'nawn i ddercha go iawn rwan,'
Me' hi, a rhoid cic i giaman dan bwr'.
'Gŵl Dewi 'di peth cynta ar program,
Be' nawn ni – i strocio fo i ffwr'?'

'Na, 'dwi am gynnig bod ni'n cal Gŵl Dewi,'
Me' cownslar odd yn ista ar stôl,
'Ella fydd o'n help bach i'r tô sy'n codi,
A cal *whist* dreif gida'r nos yn Drill Hall.'

'Howld on am funud,' me' Hen Fodan,
'Ma' *whist* dreif yn Drill Hall yn O.K.,
Ond os 'di tô rwla'n dre' 'ma'n codi,
Wel nawn ni roid hen go 'ma i ddal o'n i le.'
A nefi! y peth nesa' welso fi
Odd Hen Fodan yn y ngwthio fi'n strêt
I ista ar dop Pafilion,
Nes o'n i'n cyrnu fel 'swn i ar gefn ffigar êt.

Odd cofis hyd stryd fatha sbarblis
A bysus fatha ciws Austin Sefn,
A be' neuso fi wedyn ond syrthio
I Stryd Fangor ar wastad 'y nghefn.
Neuso fi feddwl ma' siŵr bod fi di'n lladd, ia,
Gweld rwbath gwyn yn 'r awyr wth ben,
Ond lle on i ond 'di syrthio ar mat siŵr,
A Hen Fodan efo goban wen.

''Dwi 'di hitio nhu nôl yn rwla,'
Me' fi wthi hi,' a ma' llgada fi'n grôs.'
'Ol, nefi!' me' hi, ' be wt ti'n ddisgwl, crinci,
Ar gamdda led ar draed gwely gefn nos?'
Dan ni ddim am wrando dim rhagor ar titshiars
Yn patro be' i neud yn tŷ ni,
A dasa ni'n llwgu wth drio byw ar *rations*,
Fydd 'na ddim rhagor o nionods i fi.

Gêm Ffwtbol yn 'R Oval

Ma Wil Bach yn cal llerfith yn 'r ysgol,
A puls, rhag bod o annwd i drad,
Ond nefi! ydi o'n dysgu dim byd yno –
Mae o'n ddwl fatha co bach o 'lâd.
'Yli, crinci,' me' fi wrtho fo, ia,
'Os gei di syms wsnos yma yn iawn,
Ag os molchi di 'wymad dy' Sadwrn,
Awn ni stagio ar mats ffwtbol yn pnawn.'

Neuso ni miglo hi i'r Oval tua un, ia,
Hen Fodan, a Wil Bach a fi,
Ag odd trŵn Wil yn sgleinio fel fflas-lamp,
A'i wallt o 'di neud yn Giw Pi.
Tîm dre' 'cw odd yn chwara un ochor,
A riw gofis o 'lâd odd y lleill –
Odd i goli nhw'n dena' fel giaman,
'Sa chi'n tynnu am drâd o, 'sa 'i gousa fo'n neud gweill.

'Ylwch tena' 'di nacw yn gôl, ta,'
Me' Wil, a'i ddanos o 'fo 'i fys;
'Peidia patro, co bach,' me' Hen Fodan,
'Be' 'sa dad yn i le fo'n i grys.'
Neuso nhw dderchra chwara go iawn, dyn,
A phawb gweiddi nes odd wymad o'n goch,
Ag odd Wil yn neidio ar nhrâd i,
Nes reuso fi lempan iddo fo ar ochor 'i foch.

Odd tîm dre' cw'n rhoi milings i lleill, ia,
'Argo! be' gest ti i frecwast ta, co?'
Me' Hen Fodan wrth wingar tîm arall;

'Wt ti fatha llyffant 'n mynd allan am dro.'
Neuso'r co droi rownd wedi gwilltio,
A gofyn: 'Be' 'sanach chi neud lol?'
A 'ma fo a stingar i bêl reit amdanon ni,
A hitio Wil Bach yn i fol!

Neuso Wil bylgu'n i hanner fel berchdan,
Nes odd o'n ista ar lawr yn baw,
A'i Giw-Pi o yn racs ar i dalcan o,
A 'di colli licis-bôl o'i law.
A, nefi! peth nesa' welso fi
Odd Hen Fodan yn miglo dan rhaff,
A neuso tîm dre' 'cw i gid glirio i'r ochor,
Neuso nhw weld bod hi'n bell o fod saff.

Ond euso hi strêt at y cofi nath gicio
Y bêl i gatch bara Wil Bach,
'Rwan ta, crinci,' me' hi, a gafal 'n i napar o,
'Ei di ddim o fama'n iach.'
Reuso hi slog iddo fo'n ochor i wymad,
Efo coes 'r ambarelo, ffwl sbid,
A neuso riwin batro 'Gŵ on Hen Fodan',
A euso cofis i chwerthin i gyd.

Ddoth reffari â hi'n d'ôl i lle, ia –
On i'n cyrnu fatha lwmpyn o dôs –
A wedi 'ddi landio mi ffendiodd
Bod i ambarelo hi 'di torri 'i gôs.
On i'n dyfaru bod fi 'di gaddo dwad –
Odd y nhrŵn i a nhrad i'n ôr.
Ond o'n i'n falch bod Hen Fodan 'di ennill
A clwad cofis yn gweiddi encôr!

Neuso co odd 'di cicio Wil Bach, ia,
Ddwad atan ni'n diwadd, a deud,
Ma 'di gwilltio am funud odd o
Nes odd o ddim yn gwbod go iawn be' odd o'n neud.
'Hitia befog, co bach,' me' Hen Fodan,
'Ma pob peth 'di dafrod 'n O.K.
Dos di adra'n d'ôl i 'lâd rwan,
A paid ti â gneud migmas yn dre'.'

Santa Clôs

Geuso fi job wsnos dwutha ma, ia –
Smalio bod Santa Clôs yn siop yn dre',
On i'n dercha tua naw yn bora,
A mynd adra erbyn pump i nôl te.
Odd cofis o 'lâd 'n dwad i siop, ia,
A'i cega yn gorad i gid,
Meddwl bod fi'n Santa Clôs go iawn siŵr –
Odd y crincars ddim yn ffendio ddim byd.

Neuso fi ddim deud wth Hen Fodan be odd 'n job i
Dim ond rhoid mags iddi ar ôl mynd adra bob nos,
'Cos on i ddim yn meddwl fasa Hen Fodan yn lecio
Cal i gneud yn wraig Santa Clôs;
A eniwe, odd hi 'di patro yn barod
Wth hen fodan sy'n byw 'n nymbar three
Bod fi'n gweithio 'n y nillad dy' Sul, ia –
Golchi trêns yn stesion ma 'i gŵr hi.

Odd cofi odd bia siop ddillad
Yn deud faswn i'n gneud yn O.K.
A fysa 'na ddyfodol i fi mewn job dan llywodrath
Lle na fasa isio fi neud dim ond sefyll 'r un lle.
Neuso fi sticio yn gonol heb symud
Nes odd 'mynion i 'di chwyddo'n un lwmp
A wth ddanos i bawb ffor' i mewn, ia,
Odd 'y mraich i fatha handlan pwmp.

Geuso fi hog gin un fodan am smudud
I phortmanto hi i lawr o ben drws,
Ond odd hen fodis neis o dre' ddim yn stagio
Dim ond miglo i mewn fatha ciw cangarŵs.

Neuso 'na un cofi drio postio llythyr
Yn yn stumog i – odd o ddim yn gweld yn iawn.
Ond neuso fi ddeud fasa well 'ddo fo drio rwla arall
Na odd 'na ddim *collection* ohonaf fi yn pnawn.

Neuso fi weld lot o gofis o dre' 'cw –
Oeddan nhw meddwl ma fi odd Santa Clôs
Wth bod blew hyd y ngwymad i gid, ia,
A nhrŵn i fatha tomato sôs.
Neuso 'na un hen 'ogan bach ddyrchyn
Wth i fi drio rhoid sws iddi ar i phen,
Ond neuso hi fendio wedi fi fynd a hi fewn, ia,
A rhoid reidan iddi ar gefn ceffyl pren.

Odd popeth yn gweithio'n O.K. 'no
Dan ar ôl amsar cinio dydd Iau,
Wth bod hi mor agos i Dolig –
Odd siopa 'n dre' ddim yn cau.
A, nefi! be' welso fi'n dwad
Fel stîm rolar i lawr hyd Stryd Llyn
Ond Hen Fodan, a Wil Bach wth i chwtyn hi
A'i wymad o'n biws ag yn wyn.

Ddeuso nhw i fyny i ben steps i stagio,
A sefyll wth yn ochor i'n sownd,
A wth 'na 'di Hen Fodan ddim yn dal iawn
Neuso hi godi ar flaena 'i thrad i gal stag rownd.
Neuso hi stagio yn strêt yn 'y ngwymad i 'dyn
A deud wth Wil Bach: 'Yli Santa Clôs,'
A 'ma'r crinci hwnnw'n deud, ia:
'Di hwn ddim yn saff i fynd rownd tai yn nos.'

Neuso Hen Fodan roid slog iddo fo 'n i 'senna,
A stagio rownd gonol i siop
A'i llgada hi'n sgleinio 'n i phen hi
A'i cheg hi'n grwn fatha ffwl-stop.
Odd hi'n blocio y traffic i gid, ia –
'Sa Hen Fodan yn neud 'n iawn yn gôl –
Ag er mwyn trio'i smudud hi'n i blân, ia,
Neuso fi roid pinsiad bach iddi yn tu 'nôl.

Ond, nefi! dyma hi rownd fel bwlat,
'Be' ti'n feddwl 'ti'n neud 'ta, co?'
Me' hi 'di gwilltio munud hwnnw fel matsan
A cin i fi gal gweiddi 'Leg-o'
Neuso hi afal yn yn locsyn 'i 'fo 'i dwylo
A dercha tynnu ffwl sbid,
A cini i fi gal *chance* i feddwl,
Odd 'y ngwymad i i ffwr' i gid.

Odd 'y ngwymad i'n hun o dano fo,
A pan welsodd Hen Fodan o, 'ma hi *off*.
'Ag yn fama wt ti 'di cal gwaith, ia,
Wel mi ydan ni'n deulu *well-off*.'
Ddeuso cofi odd bia siop yno
A deud wthi am beidio neud sbri:
'Migla hi am dy gwt,' me' hi wtho fo,
'Ma' llob 'ma 'di prodi 'fo fi.'

Ond euso ni'n ffrindia cin cyrradd adra,
A cin mynd i gwlâu yn nos,
Odd hi 'di madda i fi am gal joban mor ffadin
A mynd i siop i neud Santa Clôs.

Geuso ni ddwrnod ardderchog hiddiw,
Nath Hen Fodan ddim gwilltio am ddim byd,
A gobeithio geusoch chitha Dolig llawan,
A Blwyddyn Newydd Dda i chi gyd!

Nid cardod i ddyn, ond gwaith

Ar dôl dwi 'di bod y rhan fwya
Er i mi gal addysg bora oes
Efo Titchar Annie yn 'Ffîd Mi Lams' yn Cynafron
A ddaru ni'n dau rioed dynnu'n groes.

Ond cheuso fi ddim hwyl ar ddŵad yn 'y mlaen, ia
Y – mynd fwy wysg 'y mhen ôl a deud gwir
A dyna i chi pam neuso fi fethu
Â chadw yr un joban yn hir.

Cario llerfith i Dêfis Dau Alwyn fuo fi gynta
Ond odd poteli mor frau
Oddan nw'n torri pob tro o'n i'n gillwng un,
A mi ath hi'n haleliwia rhyngthon ni'n dau.

Ges i'n smudud wedyn i Coparét am dipyn
I gario allan efo beic rownd dre,
Ond mi ath 'rolwyn rhwng plancia Pont Rabar
Rhyw bnawn 'te – ac mi gollis i'n lle.

Fuo fi'n hel papura rownd pafilion – ond mi chwalon o,
A fuo fi'n Guild Hôl – a mi fuo honno'n 'Amen'
Wedyn euso fi weithio i steshon ac mi ddarun godi'r rêlwês,
A phan euso fi i'r Armi ia, mi ddoth rhyfal i ben.

Ond ma Hen Fodan, ia, yn gweithio bob bora
Llnau offis twrna yn Hôl-in-y-wôl
A hwnnw fu'n patran yn 'i gwymad hi
Y baswn i'n cal gwaith yn Llanbêr o'r lle dôl.

'Dwi ddim yn mynd os na cha i joban yn dre 'ma,' medda fi
'Dwi 'im isho gwaith yn y 'lâd
A pun bynnag, mae'r gwaith lectrig 'na'n berig
Fasat ti'n lecio tasa Wil bach heb im tad?'

'Un dŵr, dim un atoms ydi hwn, crinci, callia!
Awn ni draw 'na heddiw 'yn tri,'
Sgen cofi ar dôl 'im hôps mul, nagoes
Oes'na ddim iwnion i neud ffeit trostan ni.

Odd Wil wedi dafrod byta'i grips, ia
Cyn bod bỳs wedi cychwyn o Maes,
A rois inna 'y nghap ar y sêt o dana' i
A 'nath 'r Hen Fodan lacio carra'i staes.

Geuson ni song bach ar ôl pasio Llanbeblig
Am gwch Dafydd Pritchard ar môr
Ac wrth na 'mond ni a'r dreifar odd ar bỳs, ia
Mi ddoth ynta i ganu i'r côr.

'Gewch chi ddechra bora fory nesa,' medda sgidia blacin,
'Ma isio pwysa ar y craen.'
'Dim fi sy isho joban y lembo,' me' 'r Hen Fodan
'Di gwylltio'n grybibion mân.'

'Be! Hwn isho gwaith!' meddai cofi
A pwyntio ata i efo'i fys
'Ylwch musus, ma dyddia pry genwars drosodd i neud twll
Gennoni ni rŵan J.C.B's!'

'Hel dy wefla at ei gilydd, nei di,' me hitha,
A rhoi blaen ambarel
I bwyso ar fwcwl i fresus o
Nes y bagiodd o o'dd wrthi am sbel.

'Mi neith hwn i neud te am flynyddodd,' me hi
'Ac os ydi o yn dena, a llŵd,
Mi fedar bwyso ar gos rhaw am oria
I witsiad am amser nôl bŵd.

'Ac er bo 'chi'n gwario arian
Yn torri tylla fel hyn 'hyd lle
Bob tro ma' gwynt dros ben Twtil
Ma'ch lectrig chi'n dafrod yn dre.

'A eniwe, faint 'sach chi'n dalu?!
'I hwn?' medda'r co'. 'Deg niwc yr awr.'
'Wel, cadw nhw, mab,' medda hitha.
'Sa'n cael mwy am ddal llygod mawr.'

A felly euthon ni'n tri am adra
A dwi nôl ar ddôl e'byn hyn
Yn pwyso ar relings wrth Astons
Wedi miglo dow-dow lawr Stryd Llyn.

Smocio

'Yli co, raid iti stopio,' me' 'r Hen Fodan
Wrth stagio ar papur newydd dydd Llun.
'Mae'r doctoriaid ma'n dal i batro
Bod chdi'n prysur yn lladd dy hun.'

'O cê,' me' fi wrthi reit fodlon
'Cos dwi 'di blino cario allan o Coparét,
'Ddim stopio gweithio, mab,' medda hitha fel'a.
'Stopio smocio siŵr, yr hen het.'

Os odd ffags yn magu cansar ar frest, ia
O'n i'n gweld sens yn be odd hi'n ddeud,
Er basa cofis yn ffactri ffags, ia, wedyn
I gyd heb im byd i 'neud.

'Hitia befog am rheiny,' me hitha,
'Gân nhw newid yli a mynd i neud *chewing gum*,
A prun bynnag, does dim rhaid i chdi gicio bwcad
I gal gwaith i bob ciari-dym.'

Pan ddeuso Wil bach adra o rysgol i nôl cinio
(Dio im yn licio bwyd fodins cantîn)
Geuso fo ŵy wedi fewri i fyta ar sosar
A nath Hen Fodan i godi o ar 'i glin.

'Yli, mab,' medde hi wrtho fo reit annwl.
'Os dalia'i di'n smocio ar slei
Mi gei rotsiwn filings a mala'i di'n racs, ia,
Fyddi di'm yn gwbod gwahaniath rhwng how-di-dŵ a gw-bei.'

Odd Wil yn neud migmas dros i ysgwydd hi
Nes ffeindiodd hi a medda hi, 'Yli co,'
Dwi'n gwbod fod y crinci pen rwdan 'na
Wedi rhoi sigarét yn dy geg di'n cwt glo.'

Dyma hi'n rhoi lempan i mi ar draws 'yn wymad
A o'dd gynno fi joi o faco yn ochor 'y moch
A dyma fi'n tagu wrth drïo pidio danos
Nes o'n i'n las ac yn biws ac yn goch.

'Agor dy geg,' me' hitha, 'mewn munud,
A danga i fi be' ti'n gnoi.'
A neuso hi stwffio ei bys i 'nghorn pwiri fi
Nes o'dd 'yn ll'gada i fel rowlions yn troi.

A peth nesa, ia, mi fachodd 'y nannadd i
A mi syrthion o 'ngheg i ar mat
Ag wrth fagio i ga'l stag yn fwy gwell, ia
Mi sathrodd Hen Fodan nhw'n fflat.

A felly neuso fi stopio smocio
Er bo' fi'n falch bo' fi 'di gneud, siŵr iawn,
'Nenwedig os ga'i fyw yn fwy hirach
A cha'l mynd i ista dros 'Rabar yn pnawn.

Er, mae'n biti bod hen betha'n mynd heibio, tydi
Sana beic a'r hen Bafilion a'r cora mawr
A cofis llŵd efo ffags yn eu cega
A stwmps o dan draed ar hyd llawr.

Y Ddrama

Neuso ni ga'l cwmni drama yn dre 'cw
Wrth bo' 'na thîatr yn Seilo, siŵr iawn,
Oddan nhw am gal un ddrama yn nos, ia
A matinî i cofis yn pnawn.

Neuso nhw godi 'r Hen Fodan ar pwyllgor
(Mae'n rhaid bod nhw'n bobol go fawr
Odd Wil yn meddwl, achos mi fasa isho cawrods
I'w chodi hi ddim ond modfadd o'dd ar llawr.)

Dyma 'r Hen Fodan yn patro w'th y pwyllgor
Os oddan nhw am gal ddrama sych yn dre
Na fasa cofis ddim yn dŵad i stagio
Ac isho nhw ga'l cowbois ac indians, 'ta 'de?

Ddaru cofi o'dd yn rhegad y pwyllgor
Feddwl na fasa fo ddim llawr o iws
Iddo fo deuru efo'r Hen Fodan, a medda fo
'Rown ni'r matinî yn llaw Musus Huws.'

Dyma hi'n hel cofis bach odd o gwmpas
I gyd i tŷ ni pnawn dydd Iau,
A mi nath Wil a fi feddwl mynd i llofft, ia,
Rhag ofn fasa na'm lle i ni'n dau.

Ond oeddan ni i gyd am gael part yn ddrama
Oddan ni am gael y clinc yn cwt glo
A o'dd Wil am fod yn gowboi ne sherriff
A finna'n red indian, a 'r Hen Fodan yn sgwô.

'Rŵan 'ta, miglwch rownd lle efo'ch giddil,'
Medda hi wrth y cowbois. 'A stagiwch yn gas.
A yli Wil, rho grib drwy dy wallt, co
'Lle bo' fo'i fyny fatha blew ar frwsh bras.'

O'dd cowbois fod i chwiliad amdana ni
A smalio oeddan nhw'm yn gweld ni, siŵr,
A oeddan ni, red indians, rownd tân, ia
Yn smalio bach cuddiad a bewri dŵr.

Wil bach oedd y cynta i'n gwelad ni
'Ew! Indians 'ta!' medda fo drost bob man,
A gafal yn napar 'r Hen Fodan
A'i thynnu hi ar lawr yn 'fan.

Rhaid i bawb fynd â'i gefn ar parad, rŵan
Er mwyn i 'r Hen Fodan gael lle i godi ar 'i thrâd,
'Yli, co,' medda hi wrth Wil, 'Drama sy'ma
Ddim syrcas – er ma clown di dy dad.'

Ond o'dd bawb isho i 'r Hen Fodan syrthio
Yn ddrama go iawn – i gal sbort
Ond rargol odd 'na dwrw yn tŷ 'cw, ia,
Rhwng cowbois a indians, bob siort.

A toc wedyn dyma gnoc ar drws 'te
A be' o'dd 'na ond slob mewn côt las
'Mae hi'n rhy rywdi 'ma,' medda fo'n gas wrth
                                       'r Hen Fodan
Efo hen lais mawr dyfn canu bas.

Dyma hi'n gwilltio wrth y co am fusnesu
A deud: 'Migla'i am adra, crinc,
A rho slang i ni i gyd, os lici di
A 'nawn ni actio y ddrama yn clinc!'

Dan ni'm yn gwbod 'n iawn be fydd eto,
Ond nawn ni ddim gildio i ddim slobs yn lâd,
Ac os rôn nhw ni yn clinc, ia, wel rhaid i rywin ddiodda
I gal ddrama yn Gymru ar 'i thrâd.

Bendigeidfran

Odd Bendigeidfran im yn altro
Fel y dylsa fo'n fabi bach
A mi odd i fam yn poeni yn ei gylch o
Ofn nad odd o ddim yn iach.

'Rhowch ŵy wedi'i guro iddo fo bob diwrnod,'
Me' doctor wrthi hi ryw bnawn,
'A rhowch wlanan goch am i ganol o
A mi ddaw yn 'i flaen ichi 'n iawn.'

A wir, mi ddechreuodd brifio
Fel tasa'i draed o mewn basic slag
Ac yn fuan rodd o'n glamp o hogyn
Lle bo fo'n fach, a gwymad fatha mag.

Ag unwath nath o ddechra tyfu, ia
Nath o im sdopio am yn hir, yn hir,
O'dd o fel riwbob dan fwcad yn gwanwyn
Ac o'dd o'n gawr mwya'n y tir.

Un dwrnod, wrth gael picnic yn Harlach,
(A Ben oedd y cin erbyn hyn)
O'dd bawb yno wedi byta gomrod
Oeddan nw'n stagio dros y môr yn syn.

'Be sy'n fan'cw?' medda Ben yn diwadd.
'Ma 'na riw betha yn smudud yn dŵr.'
'Wel, be 'san ti, crinci?' mei chwaer o.
'Llonga'n dod yma 'dyn nhw siŵr.'

Branwen odd enw 'i chwaer o
A odd hi'n un o'r genod smartia yn 'lâd
A Matholwch, brenin Werddon, odd yn llonga
Yn edrach gawsa fo ganiatâd

I neud hi'n frenhinas Gwyddelods
A w'th fod o'n frenin i hun
O'dd gin senadd na neb ddim yn erbyn
A mi briododd Branwen y dyn.

Ath Matholwch a Branwen drosodd
I Dyn Lêri 'fo llonga yn pnawn
A pan welsodd Gwyddelods hi gynta
O! O'dd pawb yn 'i licio hi'n iawn.

Ond w'th ma' Capal odd hi 'te, gath hi'i gyrru i becws
Ac er oedd o ddim yn beth neis
Odd y bwtsiar yn rhoi clustan ddi bob bora
Wrth ddanfon y cig i neud porc peis.

Ac yn diwadd, ia, mi glywsodd 'i brawd hi
A mi aeth o'i go yn grybibion mân
A dyma fo'n taro'i fêdding siwt amdano
Ac am Werddon fel fflamia tân.

Mi gerddodd fel bwldôsar drwodd
A soldiwrs yn llonga i gyd
A pan welodd Gwyddelods o'n dŵad
Oddan nw'n meddwl bod hi'n ddiwadd byd.

O'dd Ben wedi prifio gymaint, ia
Cos o'dd o rioed wedi ca'l byw mewn tŷ,
A be nath Matholwch i blesio fo, ia
Ond gneud bynglo iddo fo, un pren mawr cry.

Rodd rhaid croesi rafon i fynd iddo fo
Ag o'dd soldiwrs ofn boddi'n y dŵr,
'Big Ben, big pont,' medda fynta
'Gewch chi gerddad ar 'yn hyd i siŵr.'

Fuon nhw'n cwffio am yn hir yn Werddon
Nes gollodd Bendigeidfran 'i ben
Ond guson nhw hyd i Branwen yn diwadd, ia
Yn ista yn pôrt mewn ffrog wen.

Ddoth hi adra efo soldiwrs yn llonga
Ond o'dd hi'n wan, methu cerddad hyd lôn,
A hirath am i brawd hi 'di marw
A mi nath hitha hefyd – yn ben draw sir Fôn!

Soljwr

Na ffliwc gath Hen Fodan a finna!
Wil bach ni'n cal *Leave* iff iw plis!
O, ie anghofiais i ddeud, ia,
Mae o'n soljwr yn rarmi ers mis!
Guso ni lythyr gan Frenhinas un dwrnod
Wedi brintio yn O.H.M.S.
Yn deud iddo'i miglo am Fedical,
A dodd gan i fam na fina ddim ges!

Wel i'r Pioneers yr ath o
A ew roen nhw'n falch o'u ricriwt,
A, wir odd Hen Fodan yn crio
Pan welodd lun Wil yn ei siwt.
A ew! on i'n falch ma i'r rheiny
Odd o'n perthyn – a'i drad ar y llawr
Beth petae o'n fflio'n yr Erffors!
Fasa'r Fodan mewn sterics bob awr.

Beth petae o'n un o'r Comandos
Yn hangio wrth gord parashiwt.
Ac yn landio ar bigyn rhyw eglws
A'r lastig yn torri yn ffliwt!
Ond diolch! mae wrthi ers mis ia
Yn drilio a martsio'n rel boi,
Ll'nau sgidia a pholishio botyma,
Dal reiffl a'i dynnu a'i roi.

A ew! mae o'n soljwr addawol
Medda'r officer 'Wil is O.K.'
Wil bach ydi'r cynta bob bora

I figlo am panad o de.
Y fo ydi'r lidar bob amser
Medda'r sarjiant – nid y fi sydd yn deud –
I redag o olwg pob joban
Rhag ofn iddo orfod ei gneud.

Mae o'n disgwyl cael clwad yn fuan,
Cael streipan! ew, yna chi chap
Am iddo neud enw iddo'i hunan,
Ac achub un arall o drap;
Ec'seisio yr oeddan un diwrnod
Yn cychwyn o'r barics ar y marts.
'Left wheel' gwaeddai'r sarjiant yn sydyn,
A phawb yn troi felly yn smart.

Ond ymlaen yr ath Wil am y lôn, ia,
A lwc iddo fynd y ffordd 'r ath
Roedd no giaman yn hedeg dan fotor!
A mi neidiodd Wil ni am y gath!
A ew rodd y giaman yn mewian,
A'r sarjiant mewn clamp o gonji!
A wyddoch chi be gath Wil am ei ddewrdar
Dau ddiwrnod o rest, ia, C.B.

Ond! mae'r Hen Fodan a finna
Yn falch o gal Wil yn ei ol;
A mi fasa 'r Hen Fodan yn licio
Cael ei wasgu o'n dyn yn ei chol.
Ond dim hen lol felly i Wil ni, ia!
Dim mwytha na dim byd o'r fath
Ond mi gaiff frecwast 'n i wely fory ia
Am sefyll mor ddewr dros y gath!

Cofi'n Cofio

Ers talwm pan odd na wallt ar y mhen i,
A Wdbein yn bump am ddwy niwc,
Ar ôl i Cin a Cwîn fod yn dre 'cw
A cyn i Lysabeth briodi efo Diwc,
Ddeuso 'na lythyr drw post un bora,
A trw ffenast ar i wymad o'n glir
Odd yn enw fi a drecsiwn Hen Walia –
Neuso fi ddyrchyn 'pin bach deud y gwir.

'Wel 'gora fo crinci a stagia
I gal gweld be mae o'n ddeud tu fewn,'
Me Hen Fodan tra on i'n chwilio am gythall
O dror i gal agor o'n iawn.
Ond cyn i mi ddwad yn d'ôl at bwr ia
Odd hi 'di stwffio'i bawd dan y cas
A'i rywgo fo'n gorad fel pennog
Yn farchnad pnawn Sadwrn ar Maes.

'Ar f'enaid i mab,' me hi dan chwerthin,
'Ma co post wedi dyrsu tŷ ni,
'Di hwn ddim i fod i ddŵad yma
O Bangor o lle B.B.C.'
Odd yn enw fi ar i dop o,
'Stageu ar hwn'na 'ta crinc'
Me' fi, a odd 'Sam Jones' wedi brintio ar gweulod
A strocan ar draws o efo inc.

A rhyngthyn nhw odd llythyr yn gofyn
I mi i miglo hi i Bangor nos Iau
I ddeud 'r hanas am llew a Wil Bach ia
Pan fuo dest i ni a'i golli o'n dau.

On i'n meddwl cal mynd yn hunan,
Ond pan ddoth Wil adra o'r ysgol yn pnawn,
'Ddown ni efo chdi yli' me Hen Fodan
'I neud yn siŵr fydd pob peth yn iawn.'

Odd o'n hog a tair niwc i Hen Fodan
A hog a tair niwc i fi'n hun,
A ddeudodd hi wrth cofi hel mags ia
Neusa hi ddal Wil Bach ar i glin.
'Sa chi'n lecio dal hwn ar lin arall?'
Me' fo a nhwtsiad i yn lle gwyn ar y mhen,
'Cadw dy facha crinci,' me hitha,
'S 'na ti isio milings at gal dwy goes bren.'

Neuso nhw agor y ddau ddrws yn Penrhyn
I gal Hen Fodan i mewn yn i strêt,
A nath Wil a fi ista bob ochor iddi hi
Wrth bod hi'n colli drosd ochor 'i sêt.
Odd 'na go siarad Sowth yn cwt gwydyr
Tu nôl, a fodan efo gwallt cyrls du,
'Mr Jones' a 'Nan' odd i henwa nhw,
Ond dim ond 'chi' ddeudodd Hen Fodan a fi.

Odd 'no lot fawr o gofis o lâd yno
Yn canu'n un rhes ar ben bocs,
A fodan gwallt du wrth y biano
Efo côt a jympar a socs.
Odd 'no go 'no bob cam o Tai'r Felin,
A hogyn o Bodffor Sir Fôn,
A tri stiwdant o colej yn gwenu
A canu 'Dewyrth Huw a trymbon'.

Ddoth hi'n amsar i fi fynd i ben stej ia,
A neuso nhw chwerthin am bod fi'n dena a llwd
Cyn i mi ddercha deud hanas Wil Bach ia
Yn mynd i Sŵ i llewods gal bŵd.
Odd Hen Fodan yn stagio fel teigar
Am bod nhw'n chwerthin am mhen i – 'co bach',
Ond nath Wil i hoglas hi'n i sena
Nes nath hitha chwerthin mhen 'pin bach.

Geuso ni dŷn samon a becyn i swpar
Noson odd weiarles yn deud y peth,
A ddoth 'na tsiec trw post pen pythefnos,
A ges i Wdbeins am fis yn ddi-feth.

Fuo fi'n gneud Noson Lawen wedyn
Lawar gwaith yn y Penrhyn 'r Hall,
Ond er bod Wil Bach a'r Hen Fodan –
'S na fawr fatha ni ar ôl;
Ma pawb yn bob man yn marw
A'i miglo hi allan o glyw,
Ond tra bydd rywun ar ôl i wrando
'Dan ni'n tri am ddal ati i fyw.

Dic Witington

'Dw i'n mynd i Lundan' me Dic ryw ddwrnod,
'Dw i 'di laru ar fod eisio bŵd,
Rydan ni'n hannar llwgu yn lle 'ma,
A rydan ni'n wael ag yn llŵd.'
A ffwrdd a fo ryw fora,
A'r gath wrth i gwtyn o'n dynn,
'Tyd 'ta pws bach,' me fo wrthi hi,
'A gei ditha ddiod o lefrith gwyn.'

Odd o 'di clywad bod strydoedd Llundan
Wedi gneud efo aur i gyd,
A oedd o'n gweld i hun yn gofradd
Ar lawr ar y pafing ar i hyd
A llwch yr aur yn mynd drosto fo
Nes fasa i ddillad o yn felyn neis,
A fynta'n i hel o i bocedi
Fatha croen o ar bwdin reis.

Ond ar ôl cyrraedd i Lundan,
Mi welodd nad oedd fawr o wir
Yn stori yr aur, a mai strydoedd
Dest yr un fath a ffyrdd Cyngor Sir
Yn gerrig a throeada a thylla
Oedd gynnyn nhw'n Llundan yr un fath,
A oedd Dic wedi blino yn arw,
Ag yn gafael yn sownd yn y gath.

Oedd o gwilidd mynd adra at i deulu
A be nath o ond chwilio am waith;
'Rown ni joban i ti' medda bobol,

'Ond ydan ni ddim eisio'r hen gath 'na chwaith'.
Fydda gath yn i clywad nhw'n siarad
Ag yn swatio o golwg ar lawr,
A'i mwstas hi yn hongian yn llipa,
A'i llgada hi yn ddagra mawr.

'Ein dau ne ddim' fydda'r atab
Gin Dic yr un fath bob tro,
Ag yn diwadd gawson le 'fo gŵr bynheddig
I olchi llestri a llnau sgidia a nôl glo.
Oedd gin y gŵr bynheddig 'ma longa
Yn crwydro i bob man hyd y byd
A fydda rywun yn dŵad ar i ofyn
Eisio benthyg rwbath o hyd.

Mi ddoth y llongwrs adra ryw ddwrnod
Yn deud bod Brenin Barbari
Yn cael i boeni yn ofnadwy gin lygod
A fynta heb na chath na chi.
'Be mae o eisio?' medda mistar Dic Witington –
Ma nhw'n Llundan o hyd yr un fath –
Eroplens ynta boms ynta tancia?'
'Naci' me llongwrs, 'benthyg cath'.

A mi ddoth cyfla i Dic o'r diwadd,
A ffwrd a nhw drosd y dŵr,
A pan gyrhaeddon nhw i blas y brenin
Welson nhw rioed ffasiwn stŵr –
Oedd y lle yn fyw o lygod
A rheini yn byta bob dim;
Oeddan nhw'n cerddad hyd lle fel ceffyla,
A'i clustia i fyny'n syth bin.

Ond dyna'r gath i mewn fel bomar
A mi oedd 'na llgodan ar ymyl y bwrdd,
Slap, a chlustan nes oedd hi'n rowlio
Am latheni yn bell i ffwrdd.
Oedd llygod a'u cega yn 'gorad
Yn methu dallt be oedd yn bod,
Oeddan nhw ddim wedi dallt bod na 'nifal
Fatha cath wedi i neud erioed.

Mi chrynodd petha bach mor ofnadwy,
Oedd i talcan nhw'n lyb o chwys,
A gath yn dal ati fel injian
I bledu nhw o gwmpas fel pys.
Gath Dic Witington lond bagia o aur
Gin y brenin yn Barbari,
A mi fuo'n faer ar Brif Ddinas Llundan
Cyn eich geni chi a fi.

Gafodd Dic bob peth oedd o isio,
Ag os leciach chitha fod r'un fath,
Cerwch i nôl glo a golchi llestri a llnau sgidia,
A chofiwch fod yn ffeind efo'r gath.

Llythyr o Mount Street

Ma siŵr ma o wth Cwîn ma hwnna'
Me' Hen Fodan am llythyr ddoth ddoe,
'Ma fo'n deud rwbath am seti yn Castall
I ni gal lle i ista i stagio ar y siou.
Chwara teg iddi hi am feddwl' me hi'n dawal,
A mynd i cwpwr i nôl botal inc.
'A rŵan ista i lawr i apad o' me' hi,
'A swenna fel fedar hi dy ddallt di y crinc.

A dyma fo be ydan ni wedi feddwl yrru:
'Annwyl Cwîn a phawb yna – Gair bach
I ddiolch am gynnig ticedi i castall,
A gybeithio bod chi i gid yn iach.
Mi fydd 'r Hen Fodan yno raid i chi ddim ffiars,
'Sa raid i chario hi ar wastad i chefn,
'Chos odd hi efo cor "Ffid mi Lams" yn castall
Pan oedd ych Yncl yno yn neintin ilefn.

Ma hi'n meddwl y byd o'r Teulu –
Fydd hi'n cal stageu bob Bydolig arnach chi,
A 'sa hi'n rhoi milings i bob Free Wels Armi,
A mi fasa'n llnau'r parlwr am ddim i Ai Bi.
Ddeudodd Wil fasa hi'n fain yn lle byta ia,
Am na yn Susnag fyddwch chi i gid yn cnoi;
'Watsia *di* ddeud dim byd am Susnag,' me hi,
'Ne gei di lempan gymraig nes fyddi di'n troi.'

Odd Wil 'di meddwl cal sefyll yn pendist
Efo cofis o'r Urdd yn un rhes
Ag odd o am fynd a fflag Iwnion Jack efo fo ia

Ag am i hwsgwd hi i edrach fasa hynny ryw les
I ddyfodol o, achos suful serfant odd o am fod
Ar ôl iddo fo dyfu – os dyfith o riw dro –
Ond ma'r Urdd wedi pwdu ia, wedyn fedar o ddim sefyll
Dros Gymru, dros gyd-ddyn – 'm ond y fo!

Neuso fi ddeud wrtho fo am suful serfus –
'Sgyno fo ddim hôps mul, – a deud wtho fo pam,
Lle fedar co fatha fo fod yn suful,
A fi'n dad gyno fo, a Hen Fodan yn fam?
Wedi meddwl cal peidio gweithio oedd o,
Fatha bois Cyngor Sir odd y stynt,
Ond mi welodd riw fodan bach efo Maer ar Teli,
A rŵan mae o am joinio'r Patriotic Ffrynt.

'Ffrynt ar f'enaid i,' me Hen Fodan
Pan ddeudodd Wil Bach yn tŷ,
'Ei di ddim i ffrynt dim byd co
A rownd dy drwn di a dy geg di mor ddu,
Ag yli, dos i molchi dy wymad nei di,
A tu nôl i dy glustia fatha gath,'
Ond odd Wil yn meddwl bod hi rhy fuan ia,
A erbyn mis Gorffennaf fasa fo yn d'ôl yr un fath.

Fel ma'n debyg na fydd Wil ddim yn dwad,
Ag os fydd hi'n ddwrnod dôl fedra inna ddim chwaith,
Ond ella, os weithith petha allan ia,
Yr wsnos honno fydd gin i ddigon o waith,
Achos ma Hen Fodan 'di clwad yn dre 'ma
Bod yna gymint o gofis hyd y byd
Isio dwad yma i stagio arnach chi'n gwisgo amdano fo –
Nes oes 'ma ddim hannar ddigon o le iddyn nhw i gyd.

Ymddangosiad Anarferol yn Hen Walia

O'n i'n gofradd yn llofft yn y ngwely,
A Hen Fodan yn naddu'i chorn
A'i thrôd ar ben gadar wrth ffenast
Ag yn chwthu drosd lle 'tha ffog-horn.
O'n i'n gweitiad iddi gyrradd dan dillad,
'Chos odd y nhrwn i a nhrad i'n ôr –
'Dach chi ddim yn cnesud 'run fath yn nos ia
Pan 'dach chi'n dena ag yn fifty four.

'Ty' 'laen' me fi, 'miglai dy wely
A dos a hwn'na at co cyrn i dre,
'Dw i'n cyrnu'n fan hyn fatha jeli
A chditha a dy goes i fyny hyd lle.'
'Ma hwn yn dwad o 'ma heno,'
Me Hen Fodan, 'i mi gal chwar'teg,
A rho ditha dy ben o dan dillad,
A 'sa ti'n gnesach 'sa ti'n ceuad dy geg.'

O'n i'n dercha byrddwydio yn braf ia,
A gweld yn hun yn 'r ogyn bach yn ôl
Yn canu yn Côr Plant yn Biwla
Cyn mynd yn fawr a dercha cal dôl.
Ond dyna hi'n ffliwt ar y Cytgan Angylion,
A Hen Fodan fatha Lwsiffyr gwyn
Yn gweiddi ar i chwrcwd wrth ffenast –
'Hei! Coda a stageu yn fan hyn.'

Odd 'na rwbath gwyn fatha sosej yn 'rawyr
Yn sgleinio ag yn ola i gyd;
'Nolia Wil Bach y crinci

Rhag ofn bod hi'n ddiwadd byd,'
Me Hen Fodan, a 'ma fi'n i miglo hi
Er bod 'r orcloth ar landing yn ôr,
A odd Wil yn chwrnu fel mochyn
A'i ddillad o ar ben gestar drôr.

Ond pan geutho fo stag ar y peth wrth ben Castall –
'Nefi wen 'dan ni'n gweld Iw Eff Os,'
Me fo a dercha neidio nes gath o lempan
Am siarad yn fudur gefn nos.
Fuo raid i fi miglo hi i ciosg i ffonio
I ddeud wrth slobs am gal stag ar y stynt,
Ond yn lle sbio o Rhinws drosd 'r Abar ia
Ddeuson nhw acw a cnocio'n drws ffrynt.

'Fan hyn os ti isio'i weld o yli,'
Me Hen Fodan drw ffenast wrth co,
Ond odd y peth yn smudud fel fflamia
I fyny am La'rug a Cwm Glo.
A pan gyrhaeddodd botyma i ffenast
A rhoi ben allan i gal stagio go iawn,
Rhyngtho fo a hannar Hen Fodan,
Euso ffenast yn fwy na llawn.

A odd y ddau yn sownd efo'i giddil
Nes gath Wil Bach a fi nhw'n rhydd
Wrth dynnu'n i trâd nhw o llofft ia
Ne 'sa nhw di glynud yn ffenast drw dydd.
'Stori wirion iawn 'dw i'n weld gynnoch chi,'
Me slob wrth dynnu llwch hyd i fred.
'Rhowch fwy o ddŵr am i ben o tro nesa,
Ne sticiwch at lemoned.'

Neuso hi wylltio wrth i glywad o mor sbeitlyd
A rhoid lab iddo fo'n ganol i fol
Nes odd o'n bwrw'i din dros i ben i lawr grisia
A mynd rownd fatha rowlyn trol.
Os na ddim llawar o neb yn coelio
Pan fydda i'n deud yn bod ni yn tri
Wedi gweld Iw Eff O yn pasio
O flaen ffenast llofft ffrynt tŷ ni.

Ond mi ddôn nhw fel pyrfaid ryw ddwrnod,
A sut bynnag fydd hi arnach chi,
Fydd hi'n iawn ar Wil Bach a Hen Fodan a finna –
Fydd cofis o sers yn yn nabod ni.

Stefddod Bangor, Saith deg un

Fydd Wil Bach a Hen Fodan a finna
Ddim yn mynd i stefddod efo'n giddil yn tri
Bob blwyddyn fatha rhei 'dan ni'n nabod –
'Na chi Tinsli, a 'Liam Morus, a Ei Bi.
Ond os fydd stefddod yn dwad i'n ymyl ni,
Ne Prins o Wels ne riw syrcas go-iawn,
Fyddwn ni'n pwiri ar yn ciw pi a'i miglo hi
I gal stag be fydd digwydd siŵr iawn.

Oedd sgramings at picnic yn barod –
Berchdan sosin i Wil a finna un ŵy,
A stec-an-cidni a porc pei i Hen Fodan,
A tri tun becd bins, a sgelat a llwy.
Ond neuso petha ddercha dyrsu yn cychwyn ia
Wth fynd i mewn drw giât mochyn i maes,
'Chos pan stagion ni am Hen Fodan odd hi'n sownd ia,
A'r giât mochyn amdani hi fatha staes.

Wrth fynd rownd stondings i gal stag be oeddan
                                                            nhw'n werthu,
Gwelsodd hi un efo stofs baraffins,
A ma hi'n gofyn i'r cofi odd pia hi –
'Sud ma'i dalld hi am gal twmo'r bec bins?'
Geuson ni ginio ar lawr ar yn cotia,
A blew cae yn y bŵd i gyd,
'Wath ti befog o, rho fo i lawr dy dwll cacan,'
Me Hen Fodan, 'i ni gal mynd i badall mewn pryd.'

Odd cofis r'Orsadd yn cyrradd yn bysus
Pan oeddan ni'n mynd am drws i fynd i'n lle,
'Dew, stagia mab,' me Hen Fodan,
'Trip Merchaid Wawr yli, deuda Hwre.'
'Barddods yn miglo i ben stej di rheina,'
Me Wil, 'ma nhw'n dechra neud lein.'
Ma Merchaid Wawr ar frens fodis stryd acw
Ar ôl i Dafydd Iwan ddwad i fyw i Weun.

Geuson ni seti bach reit handi wth pasej –
Fi'n bella, 'dyn Wil, hitha ar pen,
Ond ddoth no riw go efo baj ar i goral
A dechra'i gwrthiad hi 'r ochor mewn i'r pren.
Ma'n wir bod na lot o'r Hen Fodan yn pasej,
Ond odd y rest i gid ar y sêt,
A pan nath o'i gwthiad hi felly'n i hysgwydd
Nath hi golli thempar efo'r cofi yn strêt.

'Cadw dy facha'r crinci' me hi wtho fo,
'Sa concord yn mynd drw fanna heb ddim lol,'
A neuso hi roid i llaw ar i drŵn o i smudud o,
A bagal ambarel iddo fo'n ganol i fol,
Ag wth iddo fo gal milings mor sydyn
Mi faglodd ar draws i drad,
A dyna slobs i lawr o bob man ia,
Fatha llewods di clwad rogla gwâd.

Ond odd fflagia Hen Fodan i fyny
A'i dyrna hi 'di ceuad yn sownd,
'Twtsia di ben dy fys ynaf fi,' me hi wrth y cynta,
'A mi gei lempan nes na stopi di ddim troi rownd!

Dim Cymdeithas yr Iaith dw i crinci.'
'Sa'n dyblu 'i seis sa chi'n joinio' me'r slob,
Ag am hynny mi landiodd Hen Fodan o
Nes odd clec dan i ên o – y lob.

Oeddan ni ofn fasa na dwrw go-iawn ia –
Odd Wil yn goch a finna yn llŵd,
Ond odd rhyfal Hen Fodan drosodd,
Ag odd hi'n hapus a'i thrâd ar bag bŵd.
Neuso hi grio pan odd plant bach yn dwnsio,
A pan odd co efo rith am i ben
Yn gofyn odd no heddwch, nath Hen Fodan
Weiddi, 'Heddwch ar f'enaid i Amen.'

Gwahoddiad i Stefddod Gnafron
(*yn y Seremoni Groesawu, Steddfod Caerdydd 1978*)

Gynnoch chi Stefddod bach neis yn Sowth 'ma ia,
Ond nefi, ma hi'n bell o bob man,
Oeddan ni 'di blino 'tha clytia wth ddwad
Ag isio bŵd nes oeddan ni'n llwd ag yn wan.
Ma siopa chips yn ddrud yma hefyd –
Fuo ni'n lwcus dwad a sgram efo ni
A cal byta ar gwelltglaitsh yn parcin ia
Cyn i miglo hi i cae 'ma yn tri.

A pam bod fi ar ben stej 'ma ia?
Wel neuso fi ddigwydd cal y nhrad yn rhydd,
Ma Hen Fodan 'di miglo hi am strydoedd
I ddanos Wil Bach i Gardydd.
A pan welso fi'r cofis ma o dre 'cw
Yn dwad i mewn i Pafilion drw cefn –
'A i efog nhw' me fi wrth fi'n hunan,
A neuso neb stagio'n gas na deud drefn.

Gan bod chi i gid yn lecio Stefddods ia
A gweld barddods mewn cobenni mawr gwyn
Yn sefyll fatha gwlanans môr ar ben cerrig
Ne'n miglo'n ôl ag ymlaen hyd stryd Llyn,
Wel dowch draw i dre 'cw 'r ha nesa,
Na'n ni'n siŵr fydd 'na ddigon o le,
Gewch chi i gid fynd i gysgu i Castall
A dwad draw i tŷ ni i nôl te.

Ma Town Cownsul ne Gwynedd ne rywun
Yn tynnu bob man yn grybibion yn dre,

Ysgol Rad, Capal Seilo a Mount Street
I gal lle i neud lôn fflei awe;
Ond ylwch 'na i addo ar yn llw ia
Neith Wil Bach a Hen Fodan a fi
Neud yn siŵr fydd na ddigon wrth i giddil
I roid croeso i Gnafron i chi.

Stefddod Sefnti nein

Ddeuso Wil Bach adra o'r ysgol riw ddwrnod
Yn deud bod nhw'n dwad a Stefddod i dre
A fydda cofis efo cobeni gwynion
Yn miglo am wsnos hyd lle.
'Be haru ti'r crinci gwirion?'
'Sa ddim pafilion yn dre erbyn hyn,'
Me Hen Fodan wrth ystyn i grips o –
Rhai smokey bacon o Wlwyrth Stryd Llyn.

Ond odd Wil Bach yn saff bod hi'n dwad ia
A'i phafilion i hun ar i chefn,
Ma hi'n smudyd o gwmpas 'tha mawlan
Ar ôl Wrecsam neintin sefnti sefn.
'A pheth arall,' me Wil, 'ma isio fodan
I gario corn buwch at y co
Fydd yn sefyll yn cae ar ben garrag –
Fodan siwpar ia 'tha Mari Lyn Mon Rô.

Pan ddalltodd Hen Fodan ma mama
Oeddan nhw isio a fydda na drials riw bnawn,
Neuso hi ddeud, 'A i i lawr am stageu ia
A ro i gôt newydd ges i'n Oxfam siŵr iawn.'
Un biws ydi hi a blew rownd y gwddw,
Rhai duon a'i blaena nhw'n wyn,
A slit yn i chefn hi i gael aer ia
A belt am i chanol hi'n dynn.

Mi fentris i ddeud wth 'ddi gychwyn
Bod i het hi ar un ochor yn gam,
'A yli,' me fi 'dos a Wil Bach i dy galyn

I ddanos i be wt ti'n fam.'
'Fan hyn ma nhw'n dewis Cwîn Myddyr?'
Me hi wrth y co oedd yn edrach yn siort
Wrth y drws, ond pan chwerthodd o am i phen hi
Mi gath ambarel yn i senna am i sbort.

'Dychmygwch ma fi 'di'r Archdderw'
Me'r cofi oedd yn ista yn ffrynt;
'Ti'n edrach yn fwy tebycach i arch blastig,'
Me Hen Fodan wrth Wil Bach am y stynt.
'A miglwch i lawr o'r tu ôl 'cw ia,
A daliwch ych hunan yn strêt,
Chos fydd genods bach del 'fo blew cae ia
Yn sefyll bob ochor 'n sydet.

A pan gyrhaedda hi lawr at y bwr ia,
Odd isio 'ddi ystyn y corn ato fo,
A gwenu yn neis yn i wymad o
A deud – 'Hwn gin holl fodins y fro'.
Oedd pawb yn gweitiad 'ddi gychwyn,
At y co odd fatha delw bren,
A dyna hi'n i miglo hi a stagio i'r seilin
A dal i dwy law wrth i phen.

'Di ddim di gweld i thrad ers blynyddodd
'M ond yn glas wrth i golchi nhw ar Sul,
Ond wrth bod i dwylo hi fyny ia,
A wrth bod y llwybyr yn gul
Mi faglodd Hen fodan ar canol ia
A geuso hi gwemp nes odd twrw mawr,
A odd lwc oedd 'na ddim lysh yn y corn ia
Ne sa hi di golli o i gyd hyd llawr.

Ryw lefran o 'lâd geuso'i dewis,
'Di cal babi ers tua blwyddyn neu lai,
Ond 'na fo, – dim gwahaniath gynnon ni ia –
'Dan ni ddim yn deulu yn arfadd gweld bai.
Euso Hen Fodan i dre bora drannoeth
I seinio i hun yn lle dôl
I weitiad am job cario cornia
I godi'r hen wlad yn i hôl.

Stefddod Gnarfon

Ddeuso Stefddod i Gnafron wsnos 'ma ia
A cofis Cymraeg yn llond dre
A neuso Wil Bach a Hen Fodan a finna
Fynd allan i gael stag ar hyd lle.
Odd 'na gofis efo coban yn castall
Yn martsio rownd cerrig ffwl sbid
A gwnidog Seilo yn miglo yn ffrynt ia
A het ddail rownd i ben o i gid.

Euso ni'n tri i cae dydd Llun ia
A gafodd Wil chwthu i drom bôn,
A wrth bod pobol dros y môr dydd Merchar –
Welson ni chwaer i Nain o Sir Fôn.

Neuso ni gal ticad yn barod dydd Iau ia
I gal ista ar gadar yn dent
A euso ni a berchdan a llerfith i cae siŵr
Oddan ni ddim am wario am fyta, ddim sent.

Odd Wil Bach a Hen Fodan a finna
Yn sefyll yn tri ar y step
Ond y nefi, dyna'r cofi wrth drws ia
Yn cauad yn gwymab ni'n glep.

'Hei aros y crinc,' me Hen Fodan
Ma na wyth hog a sei yn wast yn fan hyn,
A odd Wil dest a crio wedyn
Ai wmab o'n binc ag yn wyn
Odd na slobs yn sefyll tu fewn ia
Ai penna fatha lloia dros drws,

"Dan ni ddim yn agor i neb yn fama'
Medda un mawr efo cap pig bach clws.

'Ond dan ni di talu am ista yn cwt na'
Me'r Hen Fodan a'i gwmab hi'n goch
Ond oedd neb yn gwrando arni hi'n patro
A oedd hi'n hannar awr wedi dau o'r gloch.
Neuso hi gynnig lempan i'r slob a'i ben allan
Ond geuso fi afael yn i braich hi mewn pryd
Ac yn lle iddo fo i chael hi yn i chops ia,
Nath hi roid sgwd i fi ar yn hyd.

'Dw i'n mynd o fan hyn am y mywyd
Tra fydd yn esgyrn i'n gyfa' me fi.
A neuso fi addo i Wil 'rôl mynd adra
Roid coban amdanan yn tri –
A tua pedwar oeddan ni'n cadeirio Wil ia
Efo gyllath fara yn gegin wrth bwr
'Mi gan gadw i hen gwt' me'r Hen Fodan
'A gora po gynta an nhw a fo i ffwr.'

Ond dim ond am ddwrnod nath hi ddigio –
Euso ni i Stefddod dydd Gwenar reit ddel
A Hen Fodan efo het floda am i phen hi
A i chantal hi fatha ambarel.
A 'dan ni'n meddwl os fydd hi'n braf flwyddyn nesa
Am fynd lawr i Stefddod Caerdydd
Ac os na fydd na neb pwysig iawn yno,
Neith Hen Fodan fod fel Cwîn drw dydd.

Y Desimaleiddio

Euso Wil bach a Hen Fodan a finna
I sêls yn siop Wlwyrth Stryd Llyn,
Geuso Wil gwn dŵr a mowth organ
A Hen Fodan suntop du a gwyn.
'Faint 'di'r damage?' me fi wrth y fodan
Odd yn ista tu nôl i'r tul,
'Three pounds fifty p love' me hitha
Ond cyn geuso fi setlo'r bil –

'Pam na siaradi di'n iawn y crincar –
Be ti'n patro am dy bownds a dy bis?'
Me Hen Fodan a'i bys yn i gwymad hi
Nes odd hi'n sincio yn is ac yn is.
'Efo niwcs a mags 'dan ni'n talu
Yn dre ma o hyd dallda di,
A hog a sei a magan –
Y chdi a dy bownd a dy bi!

On i ofn i cofis o gwmpas
Odd yn stagio a gwrando arnan ni
Feddwl bod hi'n siarad yn fudur
Efo cymaint o pi ag o pi.
Reuso fi winc ar fodan wrth tul ia
Ag ath bil ddwy niwcan yn llai,
'Peidiwch rhoi milings i mi' me hitha,
'A'r diawlad na'n Ewrop ma'r bai.

Cofis heddiw

*(sgwrs ddychmygol rhwng John Roberts Williams
a Gruffudd Parri)*

J R W: Oes 'na'r fath beth a Chynafron –
         Tre'r cofis yn bod yn go iawn?

G P: Ydi'r haul yn codi'n Llanbeblig,
         A mynd i lawr drosd 'r Abar yn pnawn?
         Be sy rhwng gwaith brics a'r hen stesion,
         Lle mae potia oel B.P. a Shell?
         Wel y peth sy rhwng rhain a'i giddil,
         Ydi Gynafron, siŵr iawn, ynte del?

         Porth yr Aur a Pen Deitsh a Hen Walia,
         A Pendist a Bont Bridd a Stryd Llyn,
         A wyddoch chi'r bilding cerrig 'na yn Maes ia
         Lle fyddan nhw'n cael consants bob hyn a hyn?
         Fuo fo'n llawn o soldiwrs ers talwm,
         A neuso nhw feddwl bod bia nhw'r lle –
         Ond ar ôl i'r Cwîn gal i babi,
         Y ni ddoth yn d'ôl i dre.

         'Chos y ni oedd yn byw yma gynta,
         Cyn i'r Romans ddŵad am fath i Pen Bryn –
         A ma un o'i soldiwrs nhw yno
         A sgert bach amdano fo'n dyn;
         Dim un byw, un wacs 'ychi ydi o –
         Mae o'n sefyll mewn cas gwydyr yn drws, –
         Ella fasa fodis dre ma'n falch cal nhw'n d'ôl ia
         'Chos mae o'n 'r ogyn bach digon clws.

>
> Ond y ni ddoth yma'n i lle nhw,
> A oedd hi 'r un fath efo druids tro cynt;
> Er, ma rheini yn dal i alw –
> Dŵad i mewn rŵan ag yn man galyn gwynt . . .
> Wrth gwrs mae 'na 'Gaernarfon' arall –
> Town cownsul a'r Maer – how-di-dw,
> A'r Ediwceshion a slobs a Rheinws –
> Ond 'dan ni ddim yn gneud llawar efo nhw.

J R W: A be am yr iaith a siarad –
            Oes 'na wahaniaeth o gwbwl yn bod?

G P: Dim ond ma ni sy'n iawn ia,
            Fel hyn 'dan ni'n patro eriod.
            Ma 'na lawar o gofis o 'lâd ia –
            'Dach chi di gweld nhw ar Ddy Sadwn yn do
            Yn cal stageu rownd Maes yn pnawn ia –
            A gyda'r nos yn mynd a fodis am dro.

            Wel y rheini sy'n patro'n ddigri
            Os os rywun 'sa chi'n gofyn i fi,
            Yn deud 'gwarthaig' bob tro am buwchods,
            A 'gath' am bedi 'giaman' i ni;
            'Cwningan' ma nhw'n ddeud am 'gynifan',
            A mi fydd 'ma 'Eisteddfod' dydd Llun a
                                    dydd Mawrth –
            Ma Caeathro a Bontrug a Waunfawr ia
            Lot yn waeth na cofis o Sowth.

            A os 'dach chi 'di clŵad Richad Huws Felinheli –
            Wel oes na neb yn patro felly yn dre;
            Ma corn gwddw'r co hwnnw 'di dyrsu,

Ne ma joints i dwll cacan o o'i lle.
A p'run bynnag ma'n hawdd i chi ffendio
Ma clwudda 'di stori o i gyd –
Odd 'r ogyn yn 'r ysgol thyrti years yn ôl –
Fedar o ddim dal i fod yn 'r ysgol o hyd!

Ond p'run bynnag, ma'r Ediwceshion
Am yn gneud ni'n beiliwngwal co'
A fydd pawb yn yn dallt ni 'n patro
Yn Llandudno a Llanrug a Cwmglo.

J R W: A beth am y bobl eu hunain?

G P: Cael i benthig nhw o ffwrdd bob tro
Lloyd George o Griciath ne rwla,
A I B? o Dregarth mae o.
Harri Parri – Ffansi Mul – o Llangian,
Dyn y jingls, O M Lloyd yn byw
Erbyn rŵan yn lôn Cae Cicio,
Ond yn Stiniog y dechreuodd o fyw.

A 'r un fath ma hi'n bod erioed ia,
Ma Iwrop wedi dŵad i'r dre –
A'r Romans o'r Eidal a 'r Normans o Ffrainc
Cyn bod sôn am Community 'te?
A mi wyddoch chi'n iawn yn gwyddoch
Bod na rai erill yn dŵad amball dro,
Pan fydd bwch garf Royal Welsh yn ffrynt ia
A'r bandia yn codi'r to.

Rhowch chitha 'ych coban amdanoch,
Ne os 'dach chi'n swil yn ych bag yn ych llaw

A miglwch hi draw i Gynafron 'cw –
Mi gewch groeso mil naw saith deg naw.

Sno Weit

Neuso hen fodan sy'n byw yn nymbar sefn gal hogan bach aniddad i fagu ia. A hen iâr ddŵr o ddynas ydi hi; trio fod yn swank, a odd Wil yn patro wth Hen Fodan a fi bod hi'n rhoi milings i hogan bach am bod hi wenwyn iddi hi bod hi'n glws a hitha ddim ia. A nefi, ma hi yn hyll hefyd. Gyni hi wymad fatha olwyn befra. Ond fydd Hen Fodan a fi ddim yn deud gwerbyn a Wil siŵr.

'Be s'ant ti crinci' me Hen Fodan, 'yn bewri am 'r hogan bach o hyd?'

'Ol glws 'di hi ta' me Wil, a'i llgada fo'n llonydd fatha llgada pennog. 'Gyni hi grôn fatha eira, a bocha fatha fala byta, a'i gwallt hi ddu fatha giaman drws nesa. Sno weit 'di henw hi' me fo, a odd o'n stagio fel 'sa fo 'di cal strôc.

'Yli co bach' me Hen Fodan 'dos am chips ag anghofia hi' a rhoid dwy niwc iddo fo i nôl rhei.

Ond odd co ddim yn deud clwdda chwaith. Odd hen fodan nymbar sefn gymint o wenwyn i hogan bach – be neuso hi, euso hi a hi am dro dros 'r Abar a miglo yn dôl i dre hebddi hi. Odd hogan bach ar goll yn caea, a hen grinci Hen Fodan yn sbio yn glas a gofyn pw odd ddynas glysa yn byd.

'Wt ti'n glws, ond ma 'na un glysach na chdi' me glass wthi hi.

Odd hi 'di gwilltio fel fflamia, a odd hi'n dal i ofyn, disgwl basa hogan bach wedi syrthio i dŵr, ne basa moto di mynd ar i thrawsd hi. Ond yr un peth odd glas yn ddeud bob tro.

Neuso hogan bach ista ar blew cae dros 'r Abar a crio nes odd i gwymad hi'n lyb doman. A ddeuso 'na ddau gofi o lle Cyngor Sir heibio 'di bod am wynt. Ma nhw'n iwsio lot ia.

'Peidia crio hogan bach' me un, 'gei di ddŵad i llnau'r offis i ni.'

'O.K. ta co' me hogan bach a miglo yn dôl i dre efo nhw.

Pan neuso nhw stagio arni hi wedi stopio crio ia, neuso nhw ddyrchyn i gweld hi mor glws a neuso nhw roid mags iddi hi fynd am berm a bob peth.

Ond mi glywso hen fodan nymbar sefn bod hi'n gweithio i cofis Cyngor Sir, a neuso hi neud mins peis a rhoid clorofom ynyn nhw. Oeddan nhw wedi cal peth yn barod erbyn basa Wil Bach a cofis yn mynd rownd i ganu carola. A pan odde cofis Cyngor Sir wedi mynd allan i gal sgramings ganol dydd, euso hi i fewn wedi gwisgo amdani fatha witch.

'Wt ti isio mins pei?' me hi wth Sno Weit.

'Ew os' me Sno Weit, a'i sgramio hi o golwg munud hwnnw, a pan ddeuso cofis yn dôl amser cinio odd hi fel berchdan yn cysgu yn sownd.

Neuso nhw i ysgwyd hi i drio deffro hi, ond neusa hi ddim. Neuso un gosi i thrâd hi, a un, smudud ceuad i llygad hi, a un arall roid dŵr ôr ar i thalcan hi, ond odd o ddim iws, neusa hi ddim derffo.

'Nefi, diolch ma ddim ond cysgu ma hi a na di hi ddim di cicio bwcad' me un cofi, a neuso nhw godi pwyllgor yn strêt i setlo be i neud. wedyn, neuso hwnnw godi is-bwyllgor a neuso is-bwyllgor basio i roid ruban coch amdani hi a'i rhoid hi yn cwpwr gwydyr yn 'r offis.

Odd stori di mynd yn dew trw dre ia, a cofis yn bob man yn patro am peth, ag odd Wil yn swnian fel barn isio mynd i gweld hi wth bod o'n nabod hi. Neuso Hen Fodan ddeud yn diwadd wtha fi am figlo i lawr efog o i gal stag arni hi.

'Fedrwch chi i derffo hi' me cofi yn drws wrthan ni.

'Medra' me Wil, a miglo i fewn rhwng i goesa fo. Ond odd co bach dest a crio pan welsodd o Sno Weit yn cysgu yn cwpwr. Neuso fo agor cwpwr, a gafal yn i thrŵn hi i edrach odd o'n bôth, a nefi, dyma hi'n tisian ag yn pwiri hannar mins pei allan ar bwr. A dyma ceuada i llgada hi yn smudud, a ma nhw'n agor, a ma hi'n stagio ar Wil.

'Hylo, Wil Bach' me hi.

'Hylo' me fynta yn goch fel bitrwt.

Euso fi a Wil Bach adra rhag ofn iddo fo gal i ladd yn y rush, achos odd cofis di clŵad bod Sno Weit di derffo ag yn rhegad i weld.

Distaw di Wil Bach o hyd, a di Hen Fodan a fi ddim yn siŵr be di matar. Ella fydd o well at flwyddyn newydd – ag os na fydd o – ella neith o briodi ta me Hen Fodan.

Diolch i Richard Hughes

Ma Wil Bach a Hen Fodan a finna
Isio diolch i 'Ichiad Huws am bod co
Wedi miglo i consarts hyd 'lâd ia
A mynd â ni yn tri efog o.
I wymad o fuo gynnon ni
A'i lais o fuo gynnon ni
Tri bach anniddad fysa ni hebddo fo
A 'sa ni 'rioed wedi'ch nabod chi.

A gybeithio geith o fyw am yn hir iawn
A geith o lond i fol o fwd
A geith o ddigon o dân yn geua
Rhag bod fel fi yn dena a llwd.
A 'Ichiad, os byth eith hi'n fain ia,
Wel mi wyddoch yn iawn lle i droi,
Dowch draw at Hen Fodan a finna –
Chewch chi byth mo'r drws wedi gloi.

Cownti Pengroes
(Cân yr Hen Fodan – cyfansoddwyd yn arbennig i Mari Gwilym ar gyfer dathliad canmlwyddiant Ysgol Dyffryn Nantlle, 1998)

'Dach chi'n cofio Co Bach a Hen Fodan
a Wil'r 'ogyn bach – ni'n tri?
Fydda'r Hen Go'n patro'n hanas ni ar weiarles
O Bangor, o lle B.B.C.
Wel yn hunan 'dw i'n Dre erbyn hyn, ia –
Dal i fyw yn Henwalia o 'r'yd:
'Di cal joban yn Seffwe yn nos, ia, –
'Di pensiwn gwraig weddw ddim byd!

Ma' Wil Bach wedi pr'odi es dalwm –
Gath o'i yrru i môr gin lle dôl.
A mi welsodd o'r fodan bach ddel 'ma
Mewn siop-chips yn stryd gefn Montreal!
'I thad hi sy' bia siop-chips, ia,
a ma' Wil; wedi landio hi'n iawn:
Mae o'n gofradd yn 'i wely drw' bora –
A plicio tatws at gyda'r nos drw' pnawn!

Un bach dywyll 'di Florence 'i wraig o
Ond ma' Wil ni 'i hun yn glaer wyn –
Geuso nhw fabi bach pinc, – a prodi,
A ma' 'no un arall liw mŵg erbyn hyn!!
Geuso fi êr-mel gin Wil wsos dwytha ---
a mags, chwara teg, . . . a mae o'n sôn
am i miglo hi am adra flwyddyn nesa
i gal mynd ar stej yn Stefddod Sir Fôn! . . .

Ond pam ddeuso fi yma heno? Y?
Mi ddeuda i chi'r apad fel hyn:-
On i yn Siop-Cofi-Gneud-Sbectols
wsos dwytha, yn ganol Stryd Llyn, –
A pw' ddoth i mewn fel llong hwylia
Ond Neli Llanllyfni'r hen goes:-
'Ar f'enaid i, Hen Fodan,' me' hi fela,
'W't ti am ddwad i'r consart yn 'r Ysgol Pengroes?'

'Ol, . . . pw gonsat, grancan?' me fi fela:-
'Wel **Bryn Terfel** a Cofis i gyd!'
me Neli, 'Ma' hi'n **hundred years**,
a ma' nhw 'n celebratio 'n bob man ffwl sbid!'
Ddoth 'na lwmp i ngwddw fi'n stret, ia,
A o'n i'n clywad yn llgada fi'n llawn:-
'Cos **ar ôl prodi** es i'n Gofi:-
Fodan o 'Lâd ydw i go iawn!

A fuo finna yn Cownti es dalwm
Cyn smudud i fyw i Dre
Pan oedd John Gwil a Mat Pritchard a Chico
a Pritchard-Jones a pawb arall hyd lle.
a Cofis o Groeslon a Garmal,
o Nebo, Tanrallt ag o Fron, a finna, yn hun, o Bontlyfni,
a Cefin Roberts a hogia Llwyn Onn.

Ma'r amsar 'di hegad 'tha melldan, ia, –
Ond cyn i mi miglo hi'n d'ôl
'Dw i isio deud drosda fi'n hunan
a drosd Wil Bach yn Siop-chips Montreal:

'Diolch am Cownti Pengroes, ia,
a be nath hi i chi ag i fi.'
Dwi'n deud drosd Wil Bach a finna:
'Swn i'n lecio cal deud **'ni'n tri'**.